Reane Strübing

Rundblick Erörterung

Stationen im Lernzirkel

Schroedel

Reane Strübing

Rundblick Erörterung

Stationen im Lernzirkel

Nach gültiger Rechtschreibung 2006

Druck A 4 / Jahr 2007

Redaktion: Sandra Wuttke-Baschek, Recklinghausen
Herstellung: Barbara Frankhuizen
Graphik: Mann + Maus OHG, Hannover
Umschlaggestaltung: Creativ Design, Hildesheim
Satz: Jesse Konzept & Text, Hannover
Druck und Bindung: westermann druck GmbH, Braunschweig

ISBN 978-3-507-**41762**-5

Dank gilt meinem Ehemann für die Vorlagen der Grafiken und meinen Söhnen für den geleisteten Probelauf durch die Stationen.

Quellenangaben
Elisabeth Langgässer: Saisonbeginn, S. 9
Aus: Erzählungen. Hamburg: Claassen 1964. S. 320.

Literaturhinweise

Klippert, Heinz: *Methodentraining.* Übungsbausteine für den Unterricht. Weinheim/Basel: Beltz Verlag 1994.
Klippert, Heinz: *Teamentwicklung im Klassenraum.* Übungsbausteine für den Unterricht. Weinheim/Basel: Beltz Verlag 1998.

Inhaltsverzeichnis

Hinweise zum Einsatz der Stationen im Unterricht

Was für einen Sinn hat das Lernen an Stationen?

Im Rahmen der pädagogischen Schulentwicklung nimmt das **eigenverantwortliche Arbeiten (EVA)** der Schüler einen zentralen Stellenwert ein. Im breiten Spektrum der wiederentdeckten und neu veröffentlichten Methoden zur didaktischen Aufbereitung der Lerninhalte findet man auch das **„Lernen an verschiedenen Stationen"**. Je nach Bearbeitungsform auch **Lern- oder Übungszirkel** genannt,[1] handelt es sich dabei um ein Unterrichtsverfahren, das neugierigen Kollegen, aber auch Skeptikern den Zugang zu EVA erleichtert. Denn in der Stationsarbeit

- **muss** der **Schüler** sich die Lerninhalte selbst er**arbeiten**,
- werden verschiedene Lerninhalte miteinander vernetzt,
- bleiben die **Lerninhalte** in den **Händen des Lehrers**,
- **entlastet** die Unterrichtssituation **den Lehrer** und **erfreut den Schüler**.

Das Lernen an Stationen stellt das traditionelle Rollenverständnis des Lehrers als Wissensvermittler nicht unmittelbar in Frage, da nur die Aneignung des Wissens in die Verantwortung des Schülers übertragen wird, nicht aber der Gegenstand des Lernens.

Welche Lerninhalte vermittelt der vorliegende Lernzirkel?

Auch im Bereich der **Aufsatzlehre** im Deutschunterricht ist es möglich, **schüleraktivierende Unterrichtsmethoden** einzusetzen und eine **Vernetzung** mehrerer **Lerninhalte** herzustellen. Die hier vorliegenden Stationsmaterialien dienen der Einübung der Erörterung und berühren **alle Lernbereiche des Deutschunterrichts:** Sprechen, Schreiben, Umgang mit Literatur und neuen Medien, wie z. B. der Internetrecherche. Dabei steht die Vermittlung von methodischen Fertigkeiten, wie Markieren, Strukturieren und Gestaltung eines Lernplakats, ebenso im Vordergrund wie die Aneignung fachlicher Kenntnisse im Bereich der Grammatik und Stilistik.

Welche lernpsychologischen Gesichtspunkte berücksichtigt der Lernzirkel?

- Der Zirkel setzt **keine** zwingende **Reihenfolge** der Bearbeitung voraus.
- Jede Station enthält für sehr zügig arbeitende Schüler(gruppen) „Zeitpuffer" in Form von **Zusatzaufgaben**, die auch als Hausaufgabe erledigt werden können.
- Die Bearbeitungsform erfolgt in **leistungsheterogener Gruppen**zusammensetzung.
- Die stille Besinnung jedes einzelnen Schülers auf die Aufgabe geht an den meisten Stationen der Gruppenarbeit voran.
- An den Stationen erfolgt eine **mehrkanalige Aufnahme** (d. h. mit allen Sinnen) des Lerninhalts. Die z. T. spielerischen Zugänge sorgen für eine verbesserte Speicherung der Lerninhalte im Langzeitgedächtnis.

Welche Erfahrungen wurden mit dem Lernzirkel gemacht?

Der Zirkel wurde wie vorliegend in Teilen einer neunten und vollständig in einer zehnten Jahrgangstufe durchlaufen. Bei Themenwahl und Aufgabenstellung des Lernzirkels wurden entwicklungspsychologische Gesichtspunkte beachtet. Der Lernzirkel ist nicht als „Zuckerl" für die so genannte „Spaßgeneration" gedacht, sondern verlangt den Schülerinnen und Schülern der Mittelstufe einige **Anstrengungsbereitschaft** ab. Allerdings verschafft er dennoch ein hohes Maß an **Zufriedenheit**, wenn Einzelaufgaben bearbeitet sind, und der Stolz, wie viel man sich selbst für ein schwieriges Thema aneignen konnte, überwiegt am Ende. Die im Anschluss an diese Unterrichtseinheit durchgeführte Leistungserhebung erzielte gute Ergebnisse. Überraschend, aber erfreulich waren die Reaktionen innerhalb der

1 Die Begriffsvielfalt, die hier in der pädagogischen Landschaft herrscht, sollte einen nicht verwirren. Gemeinsam ist diesen variierenden Unterrichtsmodellen die reformpädagogische Grundidee, dass Schüler selbstständig (und eigenverantwortlich) vom Lehrer didaktisch aufbereitetes Material erarbeiten.

Rundblick Erörterung Best.-Nr. 3-507-41762-6

Elternschaft. Alle im Lernzirkel verwendeten Einzelmethoden sind jahrelang im Unterricht erprobt und haben sich im Schulalltag bewährt.[2] Die hier vorliegenden Materialien rufen bei Fortbildungsveranstaltungen unter den Fachkollegen stets ein positives Echo hervor. Dem Wunsch nach Vervielfältigung der Ideen und Materialien wird mit dieser Veröffentlichung Rechnung getragen.

Wie durchlaufen die Schüler die Stationen?

a) Im „**Rundgang**": Dazu ordnen Sie 9 Tischgruppen in Kreisform im Raum an und legen die Materialien der verschiedenen Stationen an (immer denselben) Tischen aus. Obwohl die Stationen einen inneren Zusammenhang aufweisen, können die Arbeitsbereiche unabhängig voneinander durchlaufen werden. **Eine Reihenfolge** mit einem Wechsel der Schülergruppen, z. B. im Uhrzeigersinn, ergibt sich daher **nur aus organisatorischen Gründen**. Inhaltlich spielt es keine Rolle, welche Station für die Tischgruppe die Anfangsstation darstellt.

b) (alternativ!) Im „**Buffetgang**": Wenn Sie die Sitzordnung kaum verändern und **die Gruppen nach einer inhaltlichen Rangfolge arbeiten sollen**, lagern Sie die Materialien alle an einem Ort, z. B. auf den ersten Bänken. Vor die Arbeitsblätter stellen Sie ein Schild mit dem entsprechenden Stationssymbol. Die chronologische Bearbeitung der Stationen kann der hier abgedruckten Reihenfolge entsprechen.
Vorsicht: Eine von vorneherein festgelegte Abfolge impliziert einen größeren Kopieraufwand, denn die Materialien müssen ja allen Schülern gleichzeitig zugänglich sein.

In jedem Falle sollten Sie das beste Lernplakat aus der ersten Station im Klassenzimmer aushängen, damit den Schülern zu jedem Zeitpunkt des Lernzirkels eine Orientierung möglich ist.

Welchen Zeitaufwand benötigt man zum Durchlaufen des Lernzirkels?

a) Beim **Lernzirkel** handelt es sich um die Erstvermittlung der Aufsatzart. Sie müssen Ihren Schülern an den Stationen eine Bearbeitungszeit von ca. 45 Minuten einräumen. Die erste Station „Themenerschließung" wird von allen Schülern gemeinsam angelaufen und sollte – wenn möglich – in einer Doppelstunde stattfinden. Insgesamt hat der Lernzirkel also einen Umfang von 12 Unterrichtsstunden.

b) Im **Übungszirkel** können die Schüler die Erörterung **wiederholen** oder **Teilaspekte** dieser Aufsatzart **vertiefen** und besitzen bereits **Vorkenntnisse**. Eine Reduktion durch Auslassen von Stationen verkürzt die gesamte Unterrichtszeit entsprechend.
Vorsicht: Damit die Bearbeitungsform in Kleingruppen jedoch nach wie vor gewährleistet ist, müssen Sie die restlichen Stationsmaterialien dann in mehrfacher Ausführung bereitstellen.

Kann man den Zirkel mit anderen Themenbereichen verknüpfen?

Eine Einbettung in folgende Zusammenhänge ist möglich:

- Deutsch: Kurzgeschichte, Jugendromane, Sonett „Schuld" von Albrecht Haushofer, Biografie von Marcel Reich-Ranicki
- Gesellschaftswissenschaften: Drittes Reich, Widerstand, Deutschland nach 1945

Wie wissen die Schüler, was sie an den einzelnen Stationen zu tun haben?

Jede Station enthält

- ein Arbeitsblatt mit Überschrift, Merksatz und Arbeitsanweisung für den Schüler
- ein Lösungsblatt zur Sicherung der Ergebnisse (kann auch beim Lehrer bleiben)

2 An dieser Stelle möchte ich auf Dr. Heinz Klippert hinweisen, einen Wegbereiter in der Unterrichtsentwicklung, dessen methodische Anregungen in einigen der hier aufgeführten Stationen praktische Umsetzung erfahren haben. Klipperts Bücher „Methoden-Training", „Kommunikations-Training" und „Teamentwicklung im Klassenraum" bilden zusammen den Sockel seines „Haus des Lernens" – eine überzeugende Metapher für ein Schulentwicklungsprogramm, das Klippert vertritt.

An manchen Stationen befinden sich darüber hinaus

- weiterführende Informations- oder Beispielblätter, Puzzles, verschiedene Legespiele und Satzstreifen

Müssen die Schüler im Umgang mit neuen Methoden vertraut sein?

Alle Stationsbeschreibungen sind in ihren Arbeitsanweisungen so verfasst, dass auch Ungeübte sich schnell in dieser Arbeitsform zurechtfinden. Bei einem **Rundlauf** werden den einzelnen Schülergruppen lediglich ihre Anfangsstationen mitgeteilt.
Auf S. 11 finden Sie noch einige Hinweise zum „richtigen" Arbeiten in der Gruppe. Sie können diese vergrößert im Klassenzimmer aufhängen oder jedem einzelnen Schüler aushändigen.

Was hat der Lehrer beim Durchlauf des Zirkels zu tun?

Die Einteilung der Tischgruppen sollten Sie sorgsam und mit viel Gespür für die sozialen Verflechtungen innerhalb der Klasse vornehmen. Folgen Sie der Empfehlung, leistungsheterogene Dreiergruppen aus einem starken und zwei schwächeren Schülern zu bilden, ist zügiges und sachlich richtiges Arbeiten garantiert. Auf diese Weise aktivieren Sie mit Ihren starken Schülern so genannte „Helfersys-teme" (Klippert).
Besteht Ihre Klasse aus mehr als 27 Schülern, müssen Sie einige Vierergruppen bilden. An der Station „Informationsquellen/Stoffsammlung und -strukturierung" sollten Sie für diesen Fall auch eine Recherche zu dem Film „Schindlers Liste" anbieten. Liegt die Zahl der Schüler unter 27, bleiben einige Stationen beim Rundlauf immer unbesetzt.
Während der Unterrichtsstunden dieses Zirkels ist ein defensives Lehrerverhalten erwünscht, denn die Schüler sollen diese Aufgaben eigenverantwortlich durchlaufen. Durch begleitende Korrektur der schriftlichen Übungen verschaffen Sie sich einen Überblick über den Lernfortschritt des einzelnen Schülers. An den Stationen „Nominalstil", „Überleitung und Schluss" und „Themafrage" ist es Ihnen möglich, dem Gewinner der Spiele eine gute mündliche Note zu erteilen.

Welche Vorbereitungen sind zu treffen?

Die anfallenden Kopier- und Bereitstellungstätigkeiten entnehmen Sie bitte der auf Seite 8 aufgeführten Tabelle. Das Kopieren der Puzzles, der Spiele und Satzstreifen erfolgt am besten auf verschiedenfarbigen Karton. Das Laminieren garantiert eine saubere Wiederverwendung. Arbeits- und Lösungsblätter sowie die Informationsblätter und Spiele sollten einheitlich auf farbiges Papier kopiert werden, das garantiert auch seitens der Schüler ein schnelles Erfassen des Systems.
Es empfiehlt sich, die Arbeitsblätter jeder Station in eine transparente Mappe einzuordnen und mit einem Deckblatt zu versehen, das die Inhalte der Mappen aufführt. Ermahnen Sie Ihre Schüler, die Stationsmappe so zurückzugeben, dass das Deckblatt oder das Piktogramm der Stationskarte sichtbar ist.
Die Aufgabenstellungen der Arbeitsblätter setzen eine gesonderte Heftführung in der Aufsatzlehre voraus; hier bietet sich ein Schnellhefter an, in welchem alle Stationsblätter und Hausaufgaben gesammelt werden.

Was kommt nach dem Zirkel?

Mit dem Abschluss der Stationsarbeit als Lernzirkel verfügt der Schüler über Teile eines Übungsaufsatzes. Nun dürfte es ihm nicht schwer fallen, eine vollständige Erörterung zu einem Thema aus dem gewählten Themenkreis anzufertigen. Es empfiehlt sich, für eine Abschlussarbeit mindestens ein Thema aus den Themenspeichern zu wählen, die in der Station „Themafrage/Weggabelung" im Europspiel zur Auswahl angeboten werden.

Welche Themenschwerpunkte setzt der Lernzirkel?

Der Lernzirkel kreist um die Themen „Holocaust" und „Erörterung". Da bei der Aufgabenstellung immer wieder darauf Bezug genommen wird, ist es unerlässlich, die Kurzgeschichte „Saisonbeginn" von Elisabeth Langgässer vorher mit den Schülern gelesen zu haben. Folgende Gründe sprechen für die Verknüpfung eines so ernsten Themas wie das des Holocausts mit der Metaebene Erörterung:

- Die Betonung des persönlichkeitsbildenden Stellenwerts, den die Wurzel dieser Aufsatzart in der philosophischen Antike hat (Neue

Rundblick Erörterung Best.-Nr. 3-507-41762-6

gymnasiale Lehrpläne rücken die Aufgabe des Deutschunterrichts in dieser Beziehung wieder stärker ins Blickfeld.)

- Die heutzutage weit verbreitete seichte Infotainment-Kultur, in welcher Sachverhalte als „Wahrheit" verkauft werden, die – schlecht recherchiert und aus Gründen hoher Einschaltquoten im Fernsehen oder Auflagezahlen der Printmedien – z. T. Lügen kolportieren. Wenn der Lernzirkel ein wenig dazu verhelfen kann, Standpunkte einer differenzierten Betrachtungsweise zu unterziehen, ist viel gewonnen. So gesehen verfolgt der „Rundblick Erörterung" auch ein erzieherisches Anliegen.

Und was wäre noch anzumerken?

Unter den „Hinweisen zum Rundblick Erörterung" finden sich vier verschiedene Themenvorschläge für Übungsaufsätze. Die ersten beiden verlangen jeweils lineare Erörterungen, die zweiten dialektische. Sollte die Klasse als abschließende Arbeit z. B. nur eine Sacherörterung anfertigen müssen, ist es sinnvoll, die Übungsaufsätze nicht zu den dialektischen Themenstellungen anfertigen zu lassen.
Hier noch zwei Vorschläge mit Erwartungshorizont zu einer linearen Erörterung, wie sie in der 10. Klasse im Anschluss an den Lernzirkel gestellt wurden. (Die dialektischen Themen waren etwas einfacher und inhaltlich nicht an den Lernzirkel gebunden.)

Thema: In den jährlichen Gedenkveranstaltungen zur Reichspogromnacht und zur Befreiung von Auschwitz sind kaum junge Menschen zu finden. Zeige auf, warum die Erinnerung an den Holocaust auch in Zukunft wachgehalten werden sollte!

1 geringes Interesse der Jugendlichen an Gedenkveranstaltungen zum Holocaust / oder Definition
2 Warum sollte man die Erinnerung an den Holocaust wachhalten?
2.1 Geschichte als Hilfe zum Verständnis der Gegenwart
2.1.1 Rechtfertigung für Wiedergutmachungsleistungen
2.1.2 Holocaust als ein Faktor für die schwierige Handhabung des Israel-Palästinenser-Konflikts
2.2 Gedenktage als Möglichkeit der Aufklärung über Täter und Opfer
2.2.1 Erinnerung an die Opfer als Individuen
2.2.2 Herausstellung der Einmaligkeit eines Genozids
2.2.3 Solidarität mit den Überlebenden und ihren Angehörigen
2.3 geschichtliche Erinnerung als Ort des Lernens für die Zukunft
2.3.1 Vergegenwärtigung als Bollwerk gegen die innere Abstumpfung
2.3.2 Warnung vor Wiederholung rassenideologischer Politik
3 kritische Hinterfragung des eigenen Verhaltens

Thema: Du bist in einer Klasse, die bereits Erfahrungen mit schüleraktivierenden Unterrichtsmethoden gemacht hat. Welche Gründe sprechen in deinen Augen für diese Form des Unterrichts?

1 Definition schüleraktivierender Unterrichtsmethoden
2 Wie sinnvoll ist der Einsatz schüleraktivierender Unterichtsmethoden?
2.1 Förderung des fachlichen Lernens
2.1.1 Übung des selbstständigen Lernens
2.1.1.1 Planung des Lernprozesses
2 1.1.2 Verantwortung fur das Lernprodukt
2.1.2 Festigung des Lerninhalts
2.1.2.1 intensives Einlesen in die Aufgabenstellung
2.1.2.2 selbstständige Lösung von schwierigen Aufgaben
2.2 soziales Lernen in der Gruppe
2.2.1 Integration zuruckhaltender Schüler
2.2 2 Rücksichtnahme auf Gruppenmitglieder
2.2.3 Erfahrung und Leistung von Hilfestellung
2.3 persönliches Lernen
2.3.1 Spaß durch geleistete Anstrengung
2.3.2 Stärkung des Selbstbewusstseins durch Lösung schwieriger Aufgaben
2.3 3 Übernahme von Verantwortung fur sich und andere
2.3.4 Vorbereitung auf das Berufsleben durch Schulung der Selbsttätigkeit
3 positive Bewertung der eigenen Unterrichtserfahrung

Rundblick Erörterung Best.-Nr. 3-507-41762-6

Station	Arbeitsblätter	Lösungsblätter	Zusätzliche Stationsblätter	Sonstiges
Panorama Themenerschließung (2 Stunden)	allen Schüler-gruppen gleich-zeitig aushändigen	Wegeplan beim Lehrer einsehbar; Lernplakate im Klassenzimmer aushängen	Informationstext: „10 Gesichts-punkte zur Erörterung" als Klassensatz kopieren	Flipchartbögen oder die Rückseite alter Plakate für Lernplakat; für jede Gruppe dicke Filzstifte oder Eddings, Pinnadeln oder Klebeband bereitstellen
An den Informationsquellen Stoffsammlung und –strukturierung		2 Lösungsblätter kopieren, wenn 4er-Gruppen bitte zusätzliche Lösung entwerfen (Recherche zu "Schindlers Liste")	3 Informationsblätter, wenn 4er-Gruppen, zusätzliches Blatt anfertigen	Taschenbuch „Damals war es Friedrich" von H. P. Richter; Internetzugang oder Ausdruck der Adressen; Internetadressen prüfen[1]
Durch die Stilebene Nominalstil	als Klassensatz kopieren und den Mappen zuordnen	Lösungsblatt Baupläne und Lösung Brettspiel kopieren und laminieren	Arbeitsblatt Schilder als Klassensatz kopieren	Würfelspiel auf DIN A3 vergrößern, auf festen Karton kopieren und laminieren; entweder „materiellen" Lohn in Form von „Medaillen" = Goldtaler bereitstellen oder Eintrag in die Notenliste für den Sieger
Die Weggabelung Themafrage		Lösungsblatt kopieren und laminieren	Beispielblatt für gegenübersitzende Schüler 2x kopieren, laminieren	Euromünzen; Eurospiel auf Karton kopieren und laminieren; Eintrag in die Notenliste für den Sieger
Mit der Wanderkarte Gliederung			Gliederungsschemata als Klassensatz auf DIN A3 kopieren	Memoryspiel herstellen: auf Karton vergrößern, kopieren, laminieren, schneiden
Der Aufbruch Einleitung				Das Interview als Hörspielkassette herstellen; Bilder eines KZs oder einer Gedenkstätte auswählen und zusammen mit den Stationskarten (kopieren, laminieren, auseinanderschneiden!) in einen Rucksack geben; Hausaufgabe kontrollieren
Zwischen Pro und Kontra Dialektisch erörtern			Mind-Map für gegenübersitzende Schüler 2x kopieren und laminieren; Gliederungsraster als Klassensatz kopieren	Videokamera zur Verfügung stellen oder selbst das Rollenspiel filmen; Hausaufgabe kontrollieren
Der Gipfel der Steigerung Linear erörtern		2 Lösungsblätter kopieren und laminieren	Zitate als Klassensatz kopieren	Satzkarten in doppelter Ausführung für gegenübersitzende Schüler auf Karton kopieren, laminieren und ausschneiden; wasserlösliche Folienstifte; Hausaufgabe kontrollieren
Im Argumentations-kreis Argumentieren			Beispielblatt für gegenübersitzende Schüler 2x kopieren und laminieren; Übungsblätter als Klassensatz kopieren	den Fuß aus der Spielanleitung lebensgroß herstellen, vervierfachen (blau, rot, gelb, grün) und laminieren; Spielanleitung kopieren und laminieren; Gummibärchen bereitstellen; Schiedsrichter spielen; Hausaufgabe kontrollieren
Über Brücken der Sprache Überleitung und Schluss		als Klassensatz kopieren, nach gelegtem Puzzle den Schülern aushändigen	Informationsblätter als Klassensatz kopieren	Puzzle „Brücke" in dreifacher (vierfacher) Ausfertigung auf Karton kopieren, laminieren und ausschneiden; Eintrag in die Notenliste für den Sieger; Hausaufgabe kontrollieren

[1] Für Inhalt und Erreichbarkeit der Internet-Adressen übernimmt der Verlag keine Verantwortung.

Wegeplan

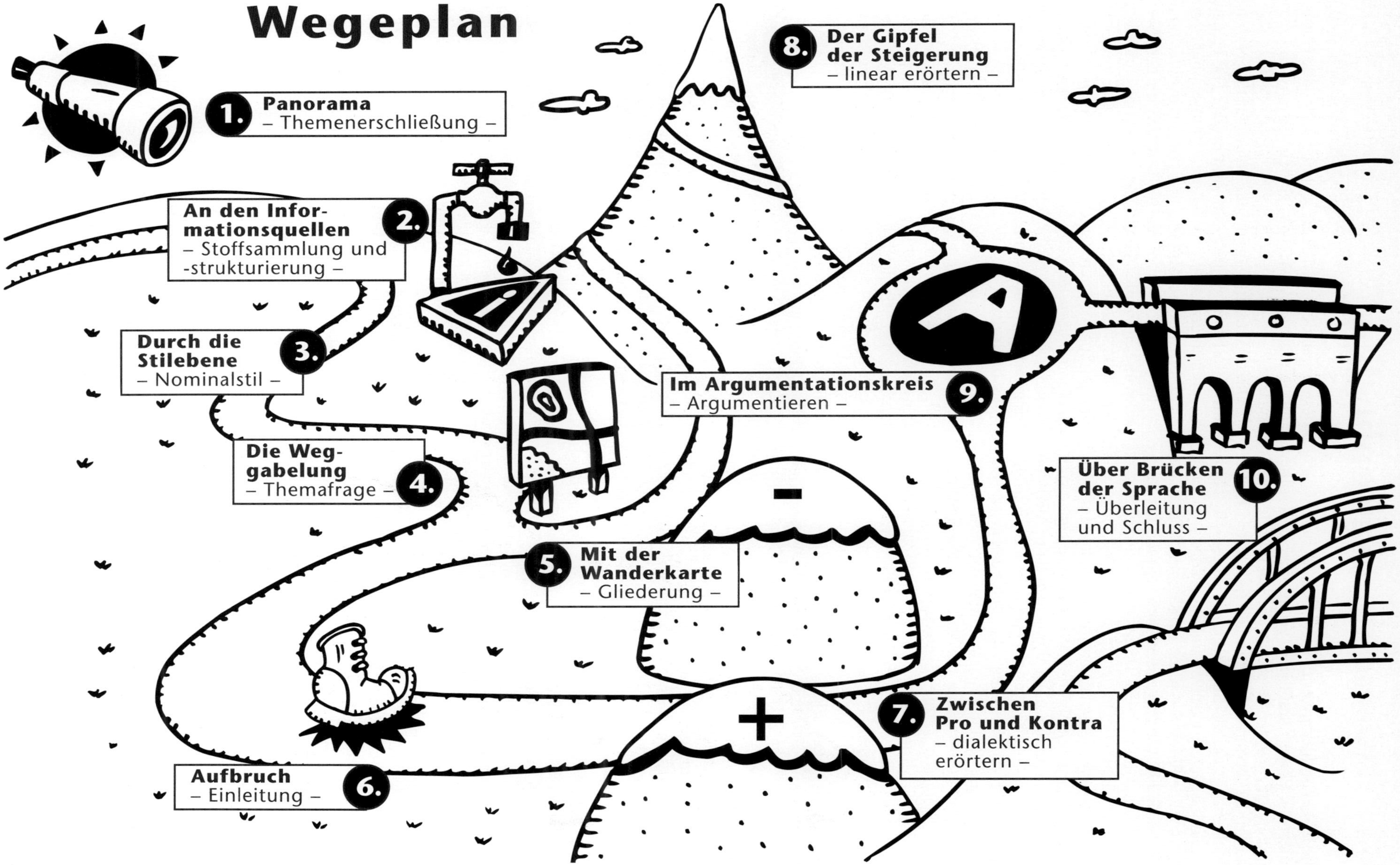
1. Panorama
– Themenerschließung –
2. An den Informationsquellen
– Stoffsammlung und -strukturierung –
3. Durch die Stilebene
– Nominalstil –
4. Die Weggabelung
– Themafrage –
5. Mit der Wanderkarte
– Gliederung –
6. Aufbruch
– Einleitung –
7. Zwischen Pro und Kontra
– dialektisch erörtern –
8. Der Gipfel der Steigerung
– linear erörtern –
9. Im Argumentationskreis
– Argumentieren –
10. Über Brücken der Sprache
– Überleitung und Schluss –
A
–
+

Elisabeth Langgässer:

Saisonbeginn

Die Arbeiter kamen mit ihrem Schild und einem hölzernen Pfosten, auf den es genagelt werden sollte, zu dem Eingang der Ortschaft, die hoch in den Bergen an der letzten Passkehre lag. Es war ein heißer Spätfrühlingstag, die Schneegrenze hatte sich schon hinauf zu den Gletscherwänden gezogen. Überall standen die Wiesen wieder in Saft und Kraft; die Wucherblume verschwendete sich, der Löwenzahn strotzte und blähte sein Haupt über den milchigen Stängeln; Trollblumen, welche wie eingefettet mit gelber Sahne waren, platzten vor Glück, und in strahlenden Tümpeln kleinblütiger Enziane spiegelte sich ein Himmel von unwahrscheinlichem Blau. Auch die Häuser und Gasthöfe waren wie neu: ihre Fensterläden frisch angestrichen, die Schindeldächer gut ausgebessert, die Scherenzäune ergänzt. Ein Atemzug noch: dann würden die Fremden, die Sommergäste, kommen – die Lehrerinnen, die mutigen Sachsen, die Kinderreichen, die Alpinisten, aber vor allem die Autobesitzer in ihren großen Wagen ... Röhr und Mercedes, Fiat und Opel, blitzend von Chrom und Glas. Das Geld würde anrollen. Alles war darauf vorbereitet. Ein Schild kam zum andern, die Haarnadelkurve zu dem Totenkopf, Kilometerschilder und Schilder für Fußgänger: Zwei Minuten zum Café Alpenrose.

An der Stelle, wo die Männer den Pfosten in die Erde einrammen wollten, stand ein Holzkreuz, über dem Kopf des Christus war auch ein Schild angebracht. Seine Inschrift war bis heute die gleiche, wie sie Pilatus entworfen hatte: J. N. R. J.[1] – die Enttäuschung darüber, dass es im Grund hätte heißen sollen: er behauptet nur, dieser König zu sein, hatte im Lauf der Jahrhunderte an Heftigkeit eingebüßt. Die beiden Männer, welche den Pfosten, das Schild und die große Schaufel, um den Pfosten in die Erde zu graben, auf ihren Schultern trugen, setzten alles unter dem Wegekreuz ab; der Dritte stellte den Werkzeugkasten, Hammer, Zange und Nägel daneben und spuckte ermunternd aus.

Nun beratschlagten die drei Männer, an welcher Stelle die Inschrift des Schildes am besten zur Geltung käme; sie sollte für alle, welche das Dorf auf dem breiten Passweg betraten, besser: befuhren, als Blickfang dienen und nicht zu verfehlen sein. Man kam also überein, das Schild kurz vor dem Wegekreuz anzubringen, gewissermaßen als Gruß, den die Ortschaft jedem Fremden entgegenschickte. Leider stellte sich aber heraus, dass der Pfosten dann in den Pflasterbelag einer Tankstelle hätte gesetzt werden müssen – eine Sache, die sich von selbst verbot, da die Wagen, besonders die größeren, dann am Wenden behindert waren. Die Männer schleppten also den Pfosten noch ein Stück weiter hinaus bis zu der Gemeindewiese und wollten schon mit der Arbeit beginnen, als ihnen auffiel, dass diese Stelle bereits zu weit von dem Ortsschild entfernt war, das den Namen angab und die Gemeinde, zu welcher der Flecken gehörte. Wenn also das Dorf den Vorzug dieses Schildes und seiner Inschrift für sich beanspruchen wollte, musste das Schild wieder näher rücken – am besten gerade dem Kreuz gegenüber, sodass Wagen und Fußgänger zwischen beiden hätten passieren müssen.

Dieser Vorschlag, von dem Mann mit den Nägeln und dem Hammer gemacht, fand Beifall. Die beiden anderen luden von neuem den Pfosten auf ihre Schultern und schleppten ihn vor das Kreuz. Nun sollte also das Schild mit der Inschrift zu dem Wegekreuz senkrecht stehen; doch zeigte es sich, dass die uralte Buche, welche gerade hier ihre Äste mit riesiger Spanne nach beiden Seiten wie eine Mantelmadonna ihren Umhang entfaltete, die Inschrift im Sommer verdeckt und ihr Schattenspiel deren Bedeutung verwischt, aber mindestens abgeschwächt hätte.

Es blieb daher nur noch die andere Seite neben dem Herrenkreuz, und da die erste, die in das Pflaster der Tankstelle überging, gewissermaßen den Platz des Schächers zur Linken bezeichnet hätte, wurde jetzt der Platz zur Rechten gewählt und endgültig beibehalten. Zwei Männer hoben die Erde aus, der dritte nagelte rasch das Schild mit wuchtigen Schlägen auf, dann stellten sie den Pfosten gemeinsam in die Grube und rammten ihn rings von allen Seiten mit größeren Feldsteinen an.

Ihre Tätigkeit blieb nicht unbeachtet. Schulkinder machten sich gegenseitig die Ehre streitig, dabei zu helfen, den Hammer, die Nägel hinzureichen und passende Steine zu suchen; auch einige Frauen blieben stehen, um die Inschrift genau zu studieren. Zwei Nonnen, welche die Blumenvase zu Füßen des Kreuzes aufs Neue füllten, blickten einander unsicher an, bevor sie weitergingen. Bei den Männern, die von der Holzarbeit oder vom Acker kamen, war die Wirkung verschieden: Einige lachten, andere schüttelten nur den Kopf, ohne etwas zu sagen; die Mehrzahl blieb davon unberührt und gab weder Beifall noch Ablehnung kund, sondern war gleichgültig, wie sich die Sache auch immer entwickeln würde. Im Ganzen genommen konnten die Männer mit der Wirkung zufrieden sein. Der Pfosten, kerzengerade, trug das Schild mit der weithin sichtbaren Inschrift, die Nachmittagssonne glitt wie ein Finger über die zollgroßen Buchstaben hin und fuhr jeden einzelnen langsam nach wie den Richtspruch auf einer Tafel ...

Auch der sterbende Christus, dessen blasses, blutüberronnenes Haupt im Tod nach der rechten Seite geneigt war, schien sich mit letzter Kraft zu bemühen, die Inschrift aufzunehmen: Man merkte, sie ging ihn gleichfalls an, welcher bisher von den Leuten als einer der ihren betrachtet und wohl gelitten war. Unerbittlich und dauerhaft wie sein Leiden, würde sie ihm nun für lange Zeit schwarz auf weiß gegenüberstehen.

Als die Männer den Kreuzigungsort verließen und ihr Handwerkszeug wieder zusammenpackten, blickten alle drei noch einmal befriedigt zu dem Schild mit der Inschrift auf. Sie lautete: „In diesem Kurort sind Juden unerwünscht."

1 (lat.) *Jesus Nazarenus Rex Judaeorum:* Jesus von Nazareth, König der Juden. Kreuzesinschrift, von Pilatus angeordnet.

Rundblick Erörterung Best.-Nr. 3-507-41762-6

Rundblick Erörterung Best.-Nr. 3-507-41762-6

Wie arbeitet man in der Gruppe richtig?

Liebe Schülerinnen und Schüler,
hier findet ihr einige Hinweise, die euch die Arbeit in den nächsten Stunden erleichtern sollen. Damit ihr euch zügig euren Aufgaben zuwenden könnt, solltet ihr unter euch „Posten" verteilen, d.h., immer einer von euch ist für eine ganz bestimmte Aufgabe verantwortlich.

REGELBEOBACHTER

- Er sorgt für einen zügigen Arbeitsbeginn.
- Er macht auf Regelverstöße aufmerksam.
- Er räumt Materialien und Station auf.

ZEITMANAGER

- Er schätzt den ungefähren Zeitbedarf.
- Er hat die verstreichende Zeit im Blick.
- Er mahnt die Gruppenmitglieder notfalls zur Eile.

GESPRÄCHSLEITER

- Er vertritt die Gruppe nach außen.
- Er wendet sich bei Rückfragen an den Lehrer.
- Er fordert „Schweiger" zum Reden und „Vielredner" zum Schweigen auf.

AUFGABENKONTROLLEUR

- Er achtet darauf, dass alle die Arbeitsanweisung durchlesen.
- Er hakt die einzelnen Aufgaben ab.
- Er hat immer die noch zu erledigenden Aufgaben im Blick.

Und hier noch Regeln, die ihr alle beherzigen solltet:

GRUPPENREGELN

- leise arbeiten
- mitmachen
- aussprechen lassen
- Toleranz zeigen
- konzentriert arbeiten
- gegenseitig helfen
- Konflikte meiden
- beim Thema bleiben

Hinweise zum Rundblick Erörterung

Liebe Schülerinnen und Schüler,

in den folgenden 12 Unterrichtsstunden werdet ihr euch an verschiedenen Stationen in einem Lernzirkel eine neue Aufsatzart erschließen, die Erörterung. Gemäß der höheren Klassenstufe, in welcher ihr seid, wird es auch inhaltlich ein wenig schwieriger, und wenn ihr diese Arbeitsform noch nicht gewöhnt sein solltet, wird euch manches gewiss schweißtreibend erscheinen. Ganz selbstständig macht ihr euch auf die Wanderung durch alle Aspekte dieser Aufsatzart, euer Lehrer wird euch streckenweise (z. B. mit Korrekturen) begleiten und sicher auch beraten, sollte das überhaupt nötig sein. (Versucht es immer erst allein und werft nicht sofort einen Blick auf die Lösung, die ihr an der jeweiligen Station findet!) Die Lösungen stellen in ihren Formulierungen übrigens nur **eine** Richtlinie dar und müssen im Wortlaut nicht übernommen werden.

Dieser Lernzirkel greift immer wieder Gedanken aus der **Kurzgeschichte Saisonbeginn** von Elisabeth Langgässer auf und nimmt Bezug darauf. Ihr solltet also diesen Text immer mit euch herumführen.

Am Beispiel **zweier Themenkreise** erarbeitet ihr euch Teile zu einem Übungsaufsatz, den ihr *nach Beendigung* des Lernzirkels unter Berücksichtigung aller wichtigen Lerninhalte *fertig stellen solltet.* Bitte heftet euch dafür alle Arbeitsblätter des Lernzirkels gewissenhaft ab.

Der **erste Themenkreis** greift das Problem des **Holocaust** auf. Das ist zwar ein sehr schwieriges Thema, aber ihr werdet an den Stationen viel hilfreiches Material dazu finden.
Der **zweite Themenkreis** widmet sich der **Erörterung als Aufsatzart.** Das ist ein einfacheres Thema, bei dem allerdings Eigeninitiative gefragt ist und das viel Überlegung erfordert. Ihr lernt nämlich überwiegend am Beispiel des ersten Themenkreises, und man muss dann das Erlernte auf das Thema Erörterung übertragen.
Zu **beiden Themenkreisen** gibt es jeweils **zwei unterschiedliche Themenstellungen:** Überlege, zu welchem Thema du einen Übungsaufsatz verfassen möchtest und prüfe gewissenhaft an den Stationen, welche der immer zuletzt gestellten Aufgaben du zu bearbeiten hast.

HOLOCAUST

1.
Zeige auf, welche Verhaltensweisen des einzelnen Bürgers die systematische Judenverfolgung im nationalsozialistischen Deutschland schrittweise ermöglicht haben!

2.
Kollektivschuld oder unschuldig an den Naziverbrechen? Erörtere die Fragestellung nach dem Anteil der Schuld, den der deutsche Bürger in der Zeit der Nationalsozialisten am Holocaust trägt!

ERÖRTERUNG

1.
Welche Rolle spielt die Aufsatzart der Erörterung für die Erschließung eines Problems oder Sachverhalts?

2.
„Im Deutschunterricht der 10. Klasse sollte mehr gelesen werden, anstatt sinnlose Aufsatzarten wie die Erörterung einzuüben!“ Setze dich kritisch mit dieser Aussage eines Elternteils auseinander!

Rundblick Erörterung Best.-Nr. 3-507-41762-6

Übersicht über die zehn Stationen

Stationspiktogramme vergrößern und als DIN-A4-Tischkarten herstellen!

1. Panorama

2. An den Informationsquellen

3. Durch die Stilebene

4. Die Weggabelung

5. Mit der Wanderkarte

6. Aufbruch

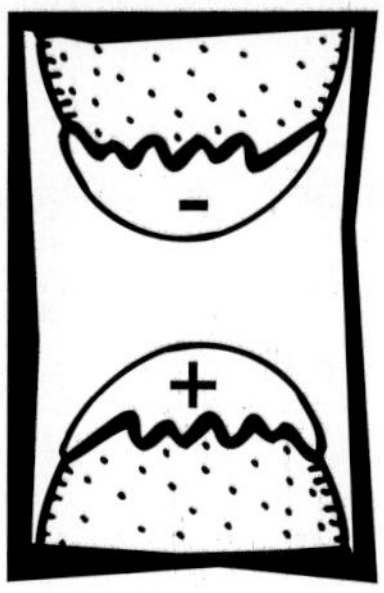

7. Zwischen Pro und Kontra

8. Der Gipfel der Steigerung

9. Im Argumentationskreis

10. Über Brücken der Sprache

Rundblick Erörterung Best.-Nr. 3-507-41762-6

Themenerschließung: Wie verschafft man sich einen Überblick über das Thema?

„Saisonbeginn“: Der Titel der Kurzgeschichte, die ihr gelesen habt, ist über weite Strecken der Erzählung selbst irreführend, denn erst mit dem letzten Satz entfaltet die Überschrift ihre Bedeutung und drückt nun das eigentliche Thema der Geschichte aus: der Beginn der Treibjagd auf die Juden im Dritten Reich.
Die Erschließung all dessen, was zum Thema gehört, ist für die Erörterung unerlässlich. Bereits am Anfang muss man wissen, welche Aspekte in der Themenstellung angesprochen und im Laufe der Darstellung berücksichtigt werden müssen. Das erfordert einen Überblick schon zu Beginn der eigentlichen Arbeit. Welches Panorama sich dem Lernenden für die Aufsatzart „Erörterung“ erschließt, haltet ihr an dieser Station fest.

1. Betrachte einmal den Versuch eines Schülers, sich der Themenstellung zu nähern. Hier werden erste Fragen festgehalten:

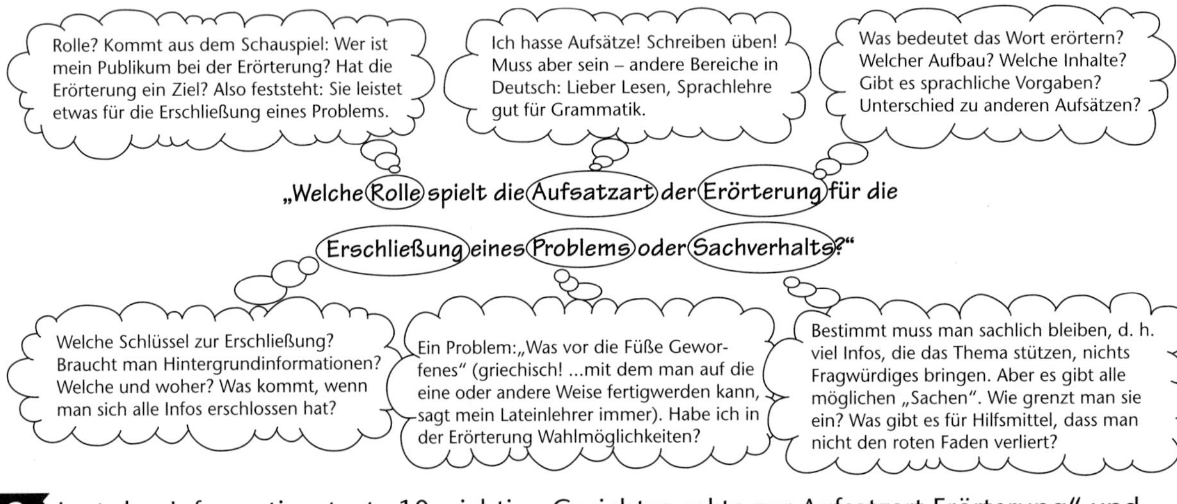

2. Lest den Informationstext „10 wichtige Gesichtspunkte zur Aufsatzart Erörterung“ und markiert euch die Schlüsselwörter (nur einzelne Worte, nicht ganze Sätze!). Welche dieser Markierungen stellen übergeordnete Gesichtspunkte (Oberbegriffe), welche eher untergeordnete (Unterbegriffe) dar? Übrigens: Jeder aufgeführte Gesichtspunkt bildet im kommenden Lernzirkel eine eigene Station (und ihr befindet euch bereits an der ersten)!

3. Vergleicht eure Ergebnisse und gestaltet aus den Schlüsselbegriffen eine grobe Gliederung. Übertragt diese Gliederung auf ein großes Plakat, das einem Unkundigen quasi als Wegeplan des Lernzirkels Aufschluss und Überblick über das Wesen dieser Aufsatzart geben könnte. Berücksichtigt dabei folgende Gesichtspunkte:

- Verwendet eine große Schrift, die von Weitem lesbar ist (Überschrift nicht vergessen!);
- arbeitet mit wenig Text, der im Langzeitgedächtnis leicht speicherbar ist;
- sucht nach unterstützenden Bildern im Text, die den Ablauf des Lernzirkels anschaulich machen und das Plakat bereichern könnten.

4. Hängt das Plakat auf und betrachtet die Ergebnisse eurer Mitschüler! Während des Durchlaufs durch den Zirkel könnt ihr nun anhand eurer Wegepläne immer euren momentanen Standort bestimmen.

Rundblick Erörterung Best.-Nr. 3-507-41762-6

10 wichtige Gesichtspunkte zur Aufsatzart „Erörterung"

Ihre sprachgeschichtliche Wurzel hat die Erörterung im mittelhochdeutschen Plural des Begriffs „Ort". Der Vorgang des „Örterns" meint „genau untersuchen", d. h. einen Standort innerhalb gewisser Grenzen zu finden. In der Aufsatzart „Erörterung" findet die gedankliche Auseinandersetzung mit einem beliebigen Thema statt, und man versucht, seinen Leser – trotz der monologischen Entfaltung der Gedanken – zu einem begründeten Standpunkt in einer Frage zu verhelfen. Dabei kann sich die Fragestellung auf Probleme aus der Geschichte oder Kultur eines Landes, aber auch auf literarische Aspekte oder aktuelle Sachthemen beziehen. Der anschließende Text hilft dir beim „Örtern" der zehn wichtigsten Aspekte zum Thema: die Aufsatzart Erörterung.

- Um den Horizont, innerhalb dessen man seine Gedanken entfaltet, abzustecken, bedarf es der genauen Themenerschließung. Dabei überprüft man, welche Sachverhalte für die Fragestellung wichtig sind, und grenzt den Umfang des Themas ein. Ähnlich wie bei einer Wanderung das Panorama dem Wanderer Aufschluss über Weg und Ziel gibt, liegt der Sinn der Themenerschließung darin, sich zu Beginn einen Überblick über alle wesentlichen, im Blickfeld liegenden Punkte zu verschaffen, die bei der Ausführung der Gedanken zu beachten sind.
- Nach diesem Rundblick wartet eine schweißtreibende Vorarbeit. Die gedankliche Auseinandersetzung kann ja nicht im luftleeren Raum stattfinden, sondern muss den Leser sicheren Fußes zu einem Ziel führen. Aus diesem Grund gilt es, sich klug vorzubereiten und möglichst viele, dem Thema sachdienliche Informationsquellen aufzusuchen und aus dem Fundus zu schöpfen. Je differenzierter der Vorgang dieser so genannten Stoffsammlung und -strukturierung erfolgt, umso stärker fällt die Überzeugungskraft der Erörterung aus.
- Quellen sprudeln und manchmal wird man ihrer Fülle gar nicht Herr. So steht man auch bei der Vorarbeit zur Erörterung vor dem Problem, wie sich die vielen Informationen verdichten und sprachlich verkürzen lassen. Der Nominalstil ist das richtige Instrumentarium, um viele Informationen als so genannte Ober- und Unterpunkte mit wenigen Worten festzuhalten. Dieser Stilebene kommt in der Aufsatzart eine wichtige Rolle zu, denn über sie gelangt man sicher zur nächsten Station, die man für die Erörterung anlaufen muss.
- Diese nächste Station ist wie eine Weggabelung, und man kann erst weiter, wenn man den richtigen Weg kennt. Es gibt nämlich verschiedene Arten der Erörterung, und es hängt immer von der Fragestellung des Themas ab, welche Erörterungsform der Auseinandersetzung zu Grunde liegen muss. Die Themafrage stellt den Leser entweder vor ein Problem (Problemerörterung) oder konfrontiert ihn mit einer Sachfrage (Sacherörterung). Und so ist das Erfassen der Themafrage die entscheidende Weichenstellung beim Vorgang des Erörterns, denn sie bestimmt den weiteren Weg des „Erörterers".
- Das Ende der Vorarbeit ist die Erstellung der Gliederung. Sie ist unerlässlich für den Gedankengang und gleichsam ein Lageplan aller Argumente, die man zur schriftlichen Auseinandersetzung heranzieht. Diesem in Stichworten verfassten Aufriss zum Thema kann der Leser wie bei einer Wanderkarte entnehmen, welchem Aufbau die Ausführung folgt und was ihn zu den einzelnen Gesichtspunkten erwartet.
- Hat man die Gliederung angefertigt, schreibt man eine Einleitung. Für den Leser stellt diese sich als eigentlicher Aufbruch zur Erörterung dar, denn sie dient der direkten Hinführung zum Thema. Für das Verfassen einer Einleitung gibt es eine Reihe von Möglichkeiten, aus welchen man gezielt auswählen kann.
- Falls die Themenstellung in eine Wertfrage mündet, schlägt man die Richtung der sog. Problemerörterung ein und erörtert dialektisch. Dabei bewegt man sich zwischen Pro und Kontra und richtet den Blick auf die zwei Seiten eines Problems. Man wägt das Für und Wider ab und überwindet die Gegensätze in einer Problemlösung.
- Ganz anders sieht der Weg aus, den man in der so genannten Sacherörterung beschreitet. Diese lineare Form der Erörterung bietet dem Leser eine Entscheidungshilfe, indem man von Anfang an keinen Zweifel daran lässt, wie die Sachfrage zu beantworten sei. Die gedankliche Auseinandersetzung gleicht einer Gipfelbesteigung, denn hierbei folgt die Anordnung aller Argumente einem steigerndem Prinzip.
- Im Detail durchschreitet der „Erörterer" bei der logischen Verknüpfung seiner Gedanken einen Argumentationskreis. Dieser besteht aus den „vier Bs", der Behauptung, einer Begründung, einem Beispiel und dem Bezug zur Behauptung. Wenn dieser Kreis sich ohne Brüche schließt, hat man den Leser in Bann geschlagen.
- Da die Erörterung aus vielen aufeinanderfolgenden Argumentationskreisen besteht, benötigt man sprachliche Hilfsmittel, um diese auf geeignete Weise miteinander zu verbinden. Elegante Überleitungen sind auch bei der Reihung der einzelnen Oberpunkte und an den Nahtstellen des Hauptteils nötig. Satzadverbien und Konjunktionen bilden dabei die sprachlichen Brücken über den Gedankenfluss bis zum Ende der Erörterung.

Rundblick Erörterung Best.-Nr. 3-507-41762-6

Stoffsammlung und –strukturierung:
Aus welchen Quellen schöpft man Informationen?

Schilder fassen wesentliche Informationen auf kleinstem Raum zusammen. Das Schild mit der Inschrift „In diesem Kurort sind Juden unerwünscht" hat für den Leser darüber hinaus mehr als einen rein informierenden Charakter: Die Worte rufen das ganze Geschehen der Judenverfolgung im Dritten Reich in Erinnerung und man assoziiert eine Fülle von Bildern und Hintergrundinformationen.
Für die Erörterung spielen sachdienliche Informationen zu einem Thema eine tragende Rolle. Den vorbereitenden Maßnahmen einer Stoffsammlung sollte man viel Zeit einräumen, damit die Ausführung der Gedanken nicht vorzeitig an Überzeugungskraft verliert und so das eigentliche Ziel der Erörterung gar nicht erreicht werden kann.[1]
Merke: Ohne Sachkenntnis ist die Erörterung wie eine Wanderung ohne Verpflegung oder eine Autofahrt ohne Kraftstoff.

1. Betrachtet die Schülerskizze! Sie zeigt euch gleich eine Methode für die Stoffsammlung und –strukturierung zu folgender Frage: ***„Welche Quellen der Information kann man zur Erweiterung seiner Sachkenntnis für ein Thema heranziehen?"*** Dazu hat der Schüler alle zusammengehörigen Informationsquellen verbunden und unter Oberbegriffen gebündelt. Drei dieser Quellen werdet ihr in der folgenden Aufgabe „anzapfen".

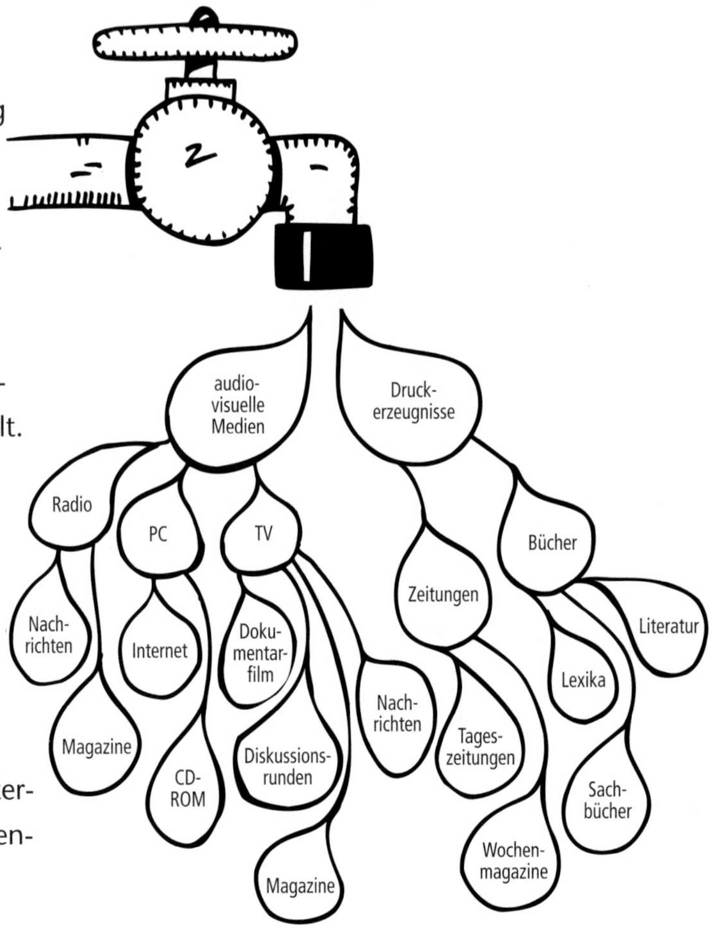

2. Bei dieser Aufgabe könnt ihr Zeit sparen, wenn ihr folgendermaßen vorgeht: Teilt eure Gruppe so, dass ihr den drei sich ergänzenden Aufträgen zur Informationsbeschaffung nachkommen könnt. Am Ende der Unterrichtsstunde informiert ihr eure Gruppenmitglieder über die Ergebnisse eurer Recherche. Händigt euch die Kopien eurer Aufzeichnungen bis spätestens zur nächsten Unterrichtsstunde (Station) aus!

1 Wie man die Informationen auf kleinstem Raum sprachlich komprimiert, erfährst du an der Station „Stilebene".

Rundblick Erörterung Best.-Nr. 3-507-41762-6

Informationen über: Zivilcourage im Dritten Reich

Quelle: `http://home.t-online.de/home/hjaskolski/ziv_was.htm`

Auftrag: Lies *nur* die Seiten 3 unten bis 5 unten der Internetadresse und informiere dich über Charakter und Umfeld eines Menschen, der dem Juden im Dritten Reich zum Helfer wurde. Übertrage die Antworten in das unten stehende Raster mit einem schwarzen Stift!

Art der Stoffsammlung: W-Fragen (wann, wer, was, wie, wo etc.)

Wie hoch war der Anteil der Helfer in Relation zur Zahl der Nichthelfer?

• ______________________________

Welcher Umstand ist für diese extrem niedrige Zahl verantwortlich zu machen?

• ______________________________

Unter welchen Umständen hätten mehr Menschen – auch unter den herrschenden – geholfen?

• ______________________________

Welcher Vergleichspunkt beim Akt der Lebensrettung macht den Unterschied zwischen dem Dritten Reich und der heutigen Zeit ganz deutlich?

• heute: ______________________________

• damals: ______________________________

Welche drei Gruppen von Lebensrettern gab es?

• ______________________________

• ______________________________

• ______________________________

Nenne die unterschiedlichen Motivationen der Menschen, die der ersten Gruppe zuzuordnen sind:

• ______________________________

• ______________________________

• ______________________________

Welche Faktoren mussten gegeben sein, damit man überhaupt zum Helfer werden konnte? (Bitte teile deinen Gruppenmitgliedern das anschauliche Beispiel aus dem Vortrag mit.)

• ______________________________

Welche Gemeinsamkeiten in der kindlichen Sozialisation weisen die Retter auf?

• ______________________________

• ______________________________

• ______________________________

Nenne die fünf Stufen des psychischen Prozesses, die den Retter vom Mitläufer unterscheiden:

• ______________________________

• ______________________________

• ______________________________

• ______________________________

• ______________________________

Rundblick Erörterung Best.-Nr. 3-507-41762-6

Informationen über: Elisabeth Langgässer

Quelle: http://www.teachsam.de/deutsch/d_literatur/d_aut/langg/langg_txt_2.htm
http://www.teachsam.de/deutsch/d_literatur/d_aut/langg/langg_txt_3.htm
http://www.teachsam.de/deutsch/d_literatur/d_aut/langg/langg_bio_1.htm

Auftrag: Suche die angegebenen Adressen im Internet auf und informiere dich über die Verfasserin der Kurzgeschichte „Saisonbeginn!"
Halte in den unten aufgeführten Kästchen *schwierige* Lebensumstände der Schriftstellerin und deren ältester Tochter Cordelia fest. Notiere in dem dritten Kasten das *Be- und Entlastende* im Verhältnis von Mutter und Tochter. Bemühe dich um eine kurze Ausdrucksweise!
Arbeite mit einem schwarzen Stift und kopiere deinen Gruppenmitgliedern das ausgefüllte Informationsblatt.

Art der Stoffsammlung: Probleme – Ursachen – Folgen – Abhilfe

schwierige Lebensumstände von Elisabeth Langgässer

schwierige Lebensumstände von Cordelia Edvardson

Das Verhältnis von Mutter und Tochter

Anklage Cordelias:

Entlastende Umstände für die Mutter:

Rundblick Erörterung Best.-Nr. 3-507-41762-6

Rundblick Erörterung Best.-Nr. 3-507-41762-6

Informationen über: Stationen der Judenverfolgung im Dritten Reich

Quelle: „Damals war es Friedrich" von Hans-Peter Richter

Auftrag: Suche die Zeittafel auf den letzten Seiten des Buches auf!
Trage in die folgende Tabelle *nur* diejenigen Stationen der Judenverfolgung bis 1941 ein, welche einem deutschen, nichtjüdischen Bürger im normalen Alltag aufgefallen sein müssen!
Bemühe dich um eine **sehr kurze** Ausdrucksweise, sonst gerätst du unter Zeitdruck!
Arbeite mit einem schwarzen Stift und kopiere deinen Gruppenmitgliedern das ausgefüllte Informationsblatt.

Art der Stoffsammlung: W-Fragen (wann, wer, was, gegen wen, wo etc.)

Wann	Was: Maßnahmen gegen Juden	Bemerkbar in/durch
von April 33 **bis September 35**		
von September **bis August 38**		
von November 38 **bis Juli 41**		
ab September 41		

Informationen über: Zivilcourage im Dritten Reich

Art der Stoffsammlung: W-Fragen (wann, wer, was, wie, wo etc.)

Wie hoch war der Anteil der Helfer in Relation zur Zahl der Nichthelfer?

- 1/4000

Welcher Umstand ist für diese extrem niedrige Zahl verantwortlich zu machen?

- Gefahr für das eigene Leben

Unter welchen Umständen hätten mehr Menschen – auch unter den herrschenden – geholfen?

- Wenn die Aufforderung an sie ergangen wäre

Welcher Vergleichspunkt beim Akt der Lebensrettung macht den Unterschied zwischen dem Dritten Reich und der heutigen Zeit ganz deutlich?

- heute: Ehrung des Lebensretters
- damals: Todesgefahr

Welche drei Gruppen von Lebensrettern gab es?

- moralisch motivierte Retter und Retterinnen
- Judeophile (Freunde, Verwandte, ehemalige Geschäftspartner, Kollegen)
- von Berufs wegen engagierte Menschen wie Ärzte, Psychologen, Sozialarbeiter, Krankenschwestern und Diplomaten

Nenne die unterschiedlichen Motivationen der Menschen, die der ersten Gruppe zuzuordnen sind:

- weltanschaulich: politisch engagiert, Unterscheidung von Recht und Unrecht
- religiös: Vorstellung von Recht und Unrecht aus religiösen Geboten
- emotional: Gefühl der Verantwortung, aus Mitgefühl und Mitleid

Welche Faktoren mussten gegeben sein, damit man überhaupt zum Helfer werden konnte? (Bitte teile deinen Gruppenmitgliedern das anschauliche Beispiel aus dem Vortrag mit.)

- Stimmigkeit der Umstände, des Zeitpunkts und der Gelegenheit zur Rettung

Welche Gemeinsamkeiten in der kindlichen Sozialisation weisen die Retter auf?

- geliebt, beschützte Kindheit
- partnerschaftlicher Erziehungsstil
- selbstständiges Denken

Nenne die fünf Stufen des psychischen Prozesses, die den Retter vom Mitläufer unterscheiden:

- Erkenntnis, irgendetwas stimmt hier nicht
- Interpretation der Situation: ein Mensch braucht Hilfe
- Bereitschaft zur Übernahme von Verantwortung für die Hilfe
- Wahl der geeigneten Hilfsmittel (Was ist zu tun?)
- Entscheidung zu helfen und die Durchführung der Hilfsaktion

Rundblick Erörterung Best.-Nr. 3-507-41762-6

Rundblick Erörterung Best.-Nr. 3-507-41762-6

Informationen über: Elisabeth Langgässer

Art der Stoffsammlung: Probleme – Ursachen – Folgen – Abhilfe

schwierige Lebensumstände von Elisabeth Langgässer
- Vater Jude, dadurch Halbjüdin
- bekommt uneheliches Kind von einem Juden
- wird vom Kindsvater verlassen
- heiratet „Schutz"-Arier
- drei weitere Kinder
- Erkrankung an multipler Sklerose
- Schreibverbot

schwierige Lebensumstände von Cordelia Edvardson
- uneheliche Geburt als Dreiviertel-Jüdin
- unter Druck durch Verschärfung der Rassegesetze
- Zwang zum Tragen des Judensterns
- Deportation nach Theresienstadt als 14-Jährige, dann nach Auschwitz, überlebt
- nach dem Krieg Aufenthalt in Schweden

Das Verhältnis von Mutter und Tochter

Anklage Cordelias:
- keine rechtzeitige Ermöglichung der Flucht vor den Nazis
- herrschsüchtige Mutter
- Schönfärberei der Mutter
- Unterwerfung der Mutter unter Nazis („mit deutschem Gruß")
- Mutter als Unterlassungstäterin in innerer Emigration
- spätere Stilisierung Cordelias zur Märtyrerin
- Vermarktung des Schicksals der Tochter als Schriftstellerin

Entlastende Umstände für die Mutter:
- selbst ein Opfer des Nazi-Regimes
- schwere Krankheit
- drei weitere Kinder

Informationen über: Stationen der Judenverfolgung im Dritten Reich

Art der Stoffsammlung: W-Fragen (wann, wer, was, gegen wen, wo etc.)

Wann	Was: Maßnahmen gegen Juden	Bemerkbar in/durch
von April 33 bis September 35	wurden boykottiert in Beamtenruhestand geschickt (Ausnahmen) vom Studium ausgeschlossen durften keine Zeitungen im Straßenhandel verkaufen	Behörden, manche Straßen, Künstlerkreise Unipersonal, Beamte, Passanten
von September bis August 38	keine Arier heiraten alle Beamten beurlaubt kein Wahlrecht Schüler verschwinden schwieriges Reisen Vermögen abgeben Berufe verboten jüdischer Straßennamen entfernt jüdische Vornamen	Behörden, Schulen, Straßen Freunde, Kollegen, Mitschüler, Lehrer, Passanten
von November 38 bis Juli 41	Reichskristallnacht keine kulturellen Veranstaltungen besuchen alle Schulkinder verschwinden Betriebe schließen bestimmte Ausgehzeiten und -orte Führerschein und Auto abgeben Schmuck abgeben Studieren verboten Radio und Telefon verboten	Straßen, Häuser, Kino, Theater, Schule, Industrieviertel, Tankstellen, Werkstätten, Behörden, überall Kunden, Freunde, Kommilitonen, Lehrer, alle Menschen
ab September 41	Judenstern tragen Deportationen beginnen das ganze öffentliche Leben verboten (vom Einkauf über den Friseur bis zum Aufenthalt in Wärmeräumen)	überall alle

Nominalstil: Wie man wichtige Informationen mit wenigen Worten weitergibt

Mit anschaulichen Verben malt Langgässer die idyllische Stimmung eines Spätfrühlingstages. Wollte man über den ersten Absatz in der Kurzgeschichte lediglich informieren, genügte ein verkürzter Satz, z. B.: Schilderung der letzten Vorbereitungen eines idyllisch gelegenen Bergkurortes zu Saisonbeginn.
Ein poetischer Text erzählt und drückt sich eher in Verben, Partizipien und Adverbialien der Art und Weise aus (Verbalstil). Informierende Texte beruhen auf einer kurzen und prägnanten Ausdrucksweise im Nominalstil, d. h. nominale Wendungen (z. B. „Schilderung der letzten Vorbereitungen") werden zu den Trägern der Hauptaussagen. Die Erörterung greift diesen Nominalstil vorzugsweise in der Gliederung wie auch streckenweise in der Ausführung der Argumente auf, denn sie will ja auf kleinem Raum viel Information geben.
Merke: Man kann durch einen ausschweifenden Verbalstil das Ziel der Erörterung aus den Augen verlieren wie bei einer Wanderung über eine weite Ebene.

1. In der folgenden Textzusammenfassung des Hauptteils findest du Beispiele für die sprachliche Komprimierung (Verdichtung) durch nominale Wendungen. Obwohl die Vorlage entscheidend gekürzt ist, erhält man doch alle wesentlichen Informationen.

Auf der Suche nach einem geeigneten Standort schleppen die Männer das Schild hin und her. Der Platz, der ein rasches Erfassen der Inschrift für alle Besucher garantieren würde, ist durch ein Holzkreuz mit einer Jesusfigur besetzt. Nach eingehender Beratung verwerfen die Arbeiter weitere Möglichkeiten:

Im Pflasterbelag der Tankstelle wäre das Schild ein Hindernis beim Wenden der Autos, und auf der Gemeindewiese sei die Entfernung zum Ortsschild zu weit. Gegenüber dem Holzkreuz hingen die Äste einer Buche herab und die linke Seite des Jesuskreuzes verweise auf den reuigen Sünder, dem Vergebung zuteil geworden wäre.

So behalten die Männer den ursprünglich ins Auge gefassten Standort rechts vom Holzkreuz bei.

Wo ist der Partner? Suche unter den folgenden durcheinandergeratenen grammatikalischen Erklärungen zum „Bauplan" des Nominalstils und deren Beispiele **jeweils das Paar aus der oberen und unteren Reihe.**[1] Bearbeite dann das beiliegende Arbeitsblatt. Übertrage dort auf jedem Schild die allgemeingültige Regel zur Bildung von nominalen Wendungen und deren näherer Bestimmung durch Attribute. Füge dann mindestens ein dazu passendes Beispiel aus der obigen Textzusammenfassung hinzu.

Ableitung vom Verb (behindern)	Genitivattribut	Entfernung	Suche *nach einem Standort*	Adjektivattribut	das Erfassen
Hindernis	*reuiger* Sünder	substantivierter Infinitiv (erfassen)	Ableitung vom Adjektiv (entfernt)	Präpositional-attribut	Pflasterbelag *der Tankstelle*

2. Spielt nun zur Einübung des Nominalstils das Würfelspiel!

1 Falls die Beschriftungen dich verwirren, nimm schnell eine Grammatik zur Hand und schließe deine Wissenslücke! Die grammatikalischen Ausdrücke sollten dir aber eigentlich geläufig sein.

Rundblick Erörterung Best.-Nr. 3-507-41762-6

Bauplan für die Bildung nominaler Wendungen aus Verben und Adjektiven

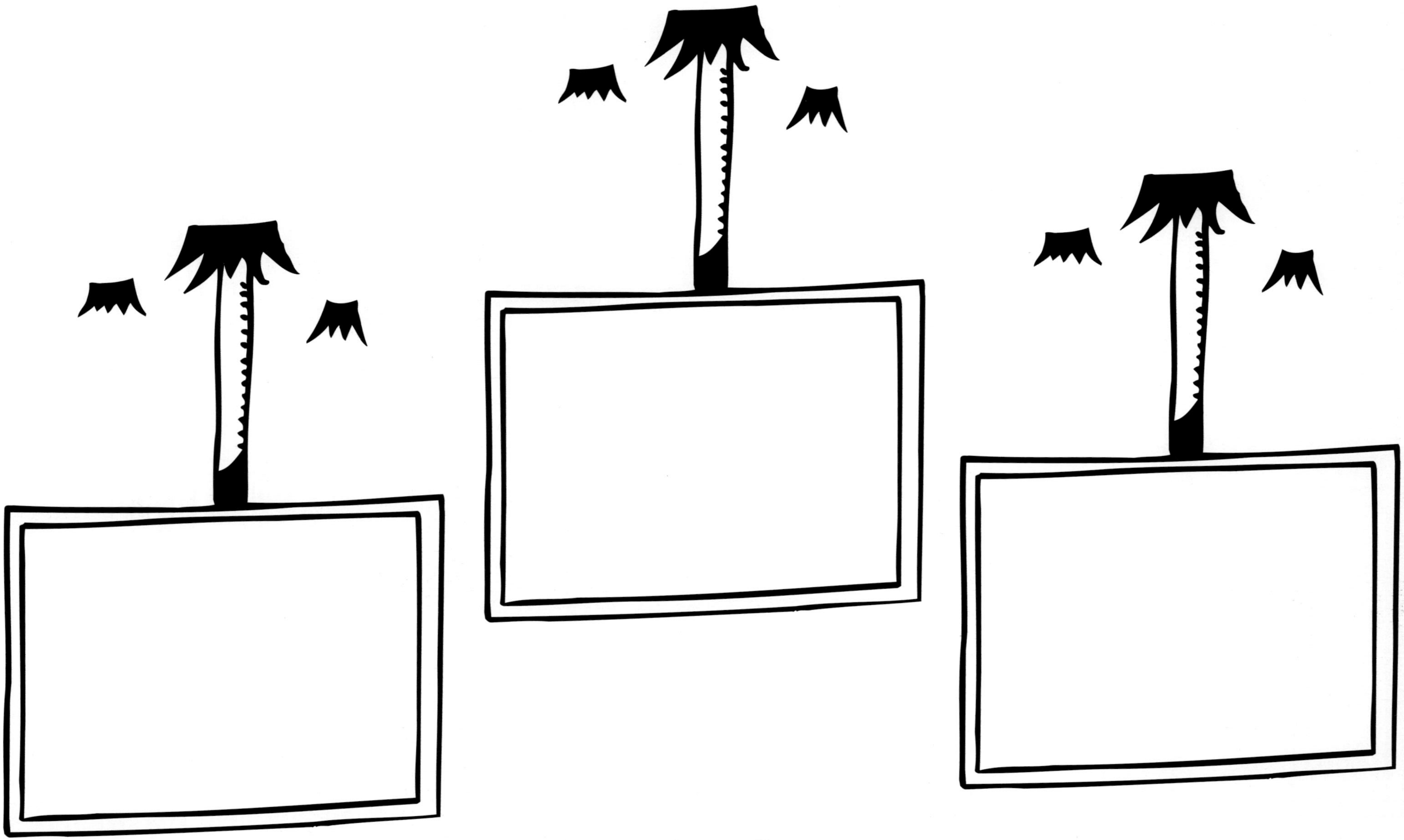

Nähere Bestimmung von Nomen durch Attribute

Rundblick Erörterung Best.-Nr. 3-507-41762-6

Bauplan für die Bildung nominaler Wendungen aus Verben und Adjektiven

Substantivierter Infinitiv
z. B. erfassen
→ das Erfassen

Ableitung vom Verb
z. B. beraten
→ Beratung

Ableitung vom Adjektiv
z. B. möglich
→ Möglichkeit

Nähere Bestimmung von Nomen durch Attribute

Adjektivattribut
z. B.
eingehende Beratung
geeigneter Standort

Genitivattribut
z. B.
Erfassen der Inschrift
Wenden der Autos

Präpositionalattribut
z. B.
Hindernis beim Wenden
Entfernung zum Ortsschild

Durch die Stilebene

Spielanleitung

Begebt euch auf eine Wanderung über die Stilebene. Zieht eure Figuren entsprechend der gewürfelten Augenzahl und wandelt die Synonyme auf den Feldern in nominale Wendungen um. Wählt zuerst einmal die Vorgaben aus der oberen Hälfte aus. Wenn ein Feld zweimal angelaufen wird oder für einen zweiten Gesamtdurchlauf noch Zeit bleibt, übersetzt ihr die schwierigeren Formulierungen der unteren Hälfte (notfalls Fremdwörterduden benutzen). Achtet auf den Bauplan, der den grammatikalischen Umwandlungsprozess für die Reihe vorschreibt. Wenn der Spieler, welcher an der Reihe ist, seinen Auftrag zur Zufriedenheit der Mitspieler gelöst hat, erhält er eine „Medaille“. Gewinner ist derjenige, der die meisten Medaillen bekommt (also nicht derjenige, der mit hohen Augenzahlen schnell zum Ende gelangt). Führt über die Anzahl der Medaillen eine Strichliste und teilt eurem Lehrer den Sieger mit. Dort wartet eine Überraschung!

Substantivierter Infinitiv z. B. erfassen → das Erfassen Start	beschlagnahmen *oder* konfiszieren	einsperren *oder* inhaftieren	suchen *oder* recherchieren	einmischen *oder* intervenieren	verdrängen *oder* ignorieren	handeln *oder* agieren	**Präpositionalattribut** z. B. Hindernis beim Wenden, Entfernung zum Ortsschild
Ableitung vom Verb z. B. beraten → Beratung	Umgang – Juden *oder* Behandlung – Menschen jüdischer Abstammung	Verschleierung – offiziellen Charakter *oder* Schönfärberei – Nazi-Euphemismus	Druck – Widerstandsgruppen *oder* Maßnahmen – wehrkraftzersetzende Agitation	Angst – staatlicher Gewalt *oder* Angst – staatlichen Repressalien	Eintreten – Verfolgte *oder* Parteinahme – potenzielle Opfer	Ausschluss – Studium *oder* keine Berechtigung – Immatrikulation	
	sammeln *oder* kasernieren	töten *oder* exekutieren	verschleppen *oder* deportieren	gefährden *oder* riskieren	verwirklichen *oder* realisieren	mitleiden *oder* sympathisieren (mit)	**Genitivattribut** z. B. Erfassen der Inschrift, Wenden der Autos
Ableitung vom Adjektiv z. B. möglich → Möglichkeit	Rolle – Judenfrage *oder* Funktion – Antisemitismus	Geheimhaltung – Endlösung *oder* Verschleierung – Holocaust	Anzeichen – Ausgrenzung *oder* Indizien – Diskriminierung	Erscheinungsform – Judenhasses *oder* Phänomen – Antisemitismus	Wirkung – Öffentlichkeitsarbeit *oder* Resultat – Propaganda	Überleben – eigene Familie *oder* Existenzsicherung – Individuum	
	gleichgültig *oder* desinteressiert	menschlich *oder* human	mutig *oder* couragiert	selbstsüchtig *oder* egoistisch	gefühllos *oder* sadistisch	schwach *oder* paralysiert	**Adjektivattribut** z. B. eingehende Beratung, geeigneter Standort
Ende, zweiten Durchlauf starten!	Einsamkeit – Rückzug *oder* Innen-Emigration	Keine Kritik – Übernehmen *oder* (keine) Selbstständigkeit – Urteilsbildung	Fehlen – Mut *oder* Mangel – Zivilcourage	Sicht – Unrecht *oder* Offensichtlichkeit – Rechtsbruch	Ziel – Aufbau des Feindbildes *oder* Beginn – Hetzkampagne	Wirtschaft – Not *oder* Ökonomie – Gefährdung	

Lösung

Durch die Stilebene

Substantivierter Infinitiv
z. B. erfassen
→ das Erfassen

Start →

Beschlagnahmen *oder* Konfiszieren (Konfiszierung)	Einsperren *oder* Inhaftieren (Inhaftierung)	Suchen *oder* Recherchieren (Recherche)	Einmischen *oder* Intervenieren (Intervention)	Verdrängen *oder* Ignorieren (Ignoranz)	Handeln *oder* Agieren (Agitation)

Präpositionalattribut
z. B.
Hindernis <u>beim</u> Wenden
Entfernung <u>zum</u> Ortsschild

Umgang mit Juden *oder* Behandlung von Menschen jüdischer Abstammung	Verschleierung durch offziellen Charakter *oder* Schönfärberei durch Nazi-Euphemismus	Druck auf Widerstandsgruppen *oder* Maßnahmen gegen wehrkraftzersetzende Agitation	Angst vor staatlicher Gewalt *oder* Angst vor staatlichen Repressalien	Eintreten für Verfolgte *oder* Parteinahme für potenzielle Opfer	Ausschluss vom Studium *oder* keine Berechtigung zur Immatrikulation

Ableitung vom Verb
z. B. beraten
→ Beratung

Sammlung *oder* Kasernierung	Tötung *oder* Exekution	Verschleppung *oder* Deportation	Gefährdung *oder* Risiko	Verwirklichung *oder* Realisation	Mitleid *oder* Sympathie (mit)

Genitivattribut
z. B.
Erfassen <u>der Inschrift</u>
Wenden <u>der Autos</u>

Rolle der Judenfragen *oder* Funktion des Antisemitismus	Geheimhaltung der Endlösung *oder* Verschleierung des Holocausts	Anzeichen der Ausgrenzung *oder* Indizien der Diskriminierung	Erscheinungsform des Judenhasses *oder* Phänomen des Antisemitismus	Wirkung der Öffentlichkeitsarbeit *oder* Resultat der Propaganda	Überleben der eigenen Familie *oder* Existenzsicherung des Individuums

Ableitung vom Adjektiv
z. B. möglich
→ Möglichkeit

Gleichgültigkeit *oder* Desinteresse	Menschlichkeit *oder* Humanität	Mut *oder* Courage	Selbstsucht *oder* Egoismus	Gefühllosigkeit *oder* Sadismus	Schwäche *oder* Paralyse

Adjektivattribut
z. B.
<u>eingehende</u> Beratung
<u>geeigneter</u> Standort

einsamer Rückzug *oder* innere Emigration	kritiklose Übernahme *oder* unselbstständige Urteilsbildung	fehlender Mut *oder* mangelnde Zivilcourage	sichtbares Unrecht *oder* offensichtlicher Rechtsbruch	gezielter Aufbau des Feindbildes *oder* beginnende Hetzkampagne	wirtschaftliche Not *oder* ökonomische Gefährdung

Themafrage: Welchen Weg durch die Erörterung verlangt die Themenstellung?

Zwei Fragen stellt der Leser während der Lektüre der Kurzgeschichte E. Langgässers. Die erste nach der Aufstellung des Schildes – eine Sachfrage – zielt auf eine Ergänzung in Form einer konkreten Antwort. Die zweite nach der Bedeutung der Inschrift – eine Wertfrage – ist nicht eindeutig zu beantworten, denn sie ermöglicht unterschiedliche Stellungnahmen durch den Betrachter.
Mit der Erörterung verhält es sich ganz ähnlich. Durch die Stellung der Themafrage am Ende der Einleitung wird der Leser auf den Gang durch die Erörterung vorbereitet, der entweder geradlinig auf eine Antwort zusteuert (Sachfrage) oder verschiedene Möglichkeiten der Stellungnahme eröffnet (Wertfrage). Dabei sind die Erörterungswege bereits schon in der Themenstellung angelegt, und man muss das zu bearbeitende Thema nur noch in eine Sach- oder Wertfrage umformulieren. Merke: Alle sodann aufgeführten Argumente müssen eine Antwort auf diese Themafrage geben.

1. Zur Unterscheidung der beiden Fragestellungen findest du unten ein unvollständiges Flussdiagramm und Vorschläge zur Beschriftung. Beim Ausfüllen (Bleistift) können dir die Beispiele aus der Kurzgeschichte auf dem Informationsblatt helfen.

Beschriftung des Diagramms: Wert-; fragt, dialektischen Stellungnahme; Ergänzung: Gründe, Ursachen, Folgen, Maßnahmen; stellt; linearen Darlegung; Entscheidung: Ja oder Nein, Für und Wider, Abwägung von Pro und Kontra; Sach-; Fragestellungen

Themafragen der Erörterung:

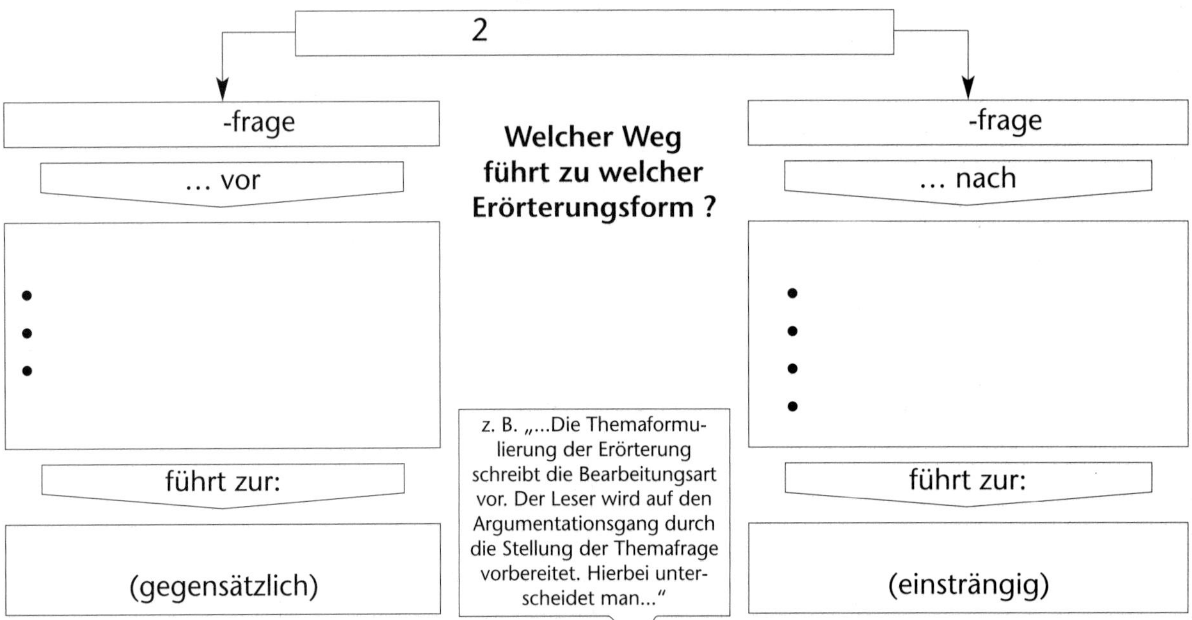

2. Vergleicht eure Ergebnisse untereinander, greift notfalls zur Lösung und korrigiert eure Beschriftungen! Lost nun unter euch einen aus, der dieses Flussdiagramm verbalisiert, d. h. in vollständigen Sätzen den Inhalt wiedergibt.

3. Spielt zur Vertiefung des Lerninhalts nun das „Eurospiel"! Wenn ihr nicht ganz sicher seid, seht in der Lösung nach.

Rundblick Erörterung Best.-Nr. 3-507-41762-6

Beispiel aus „Saisonbeginn"

2 Fragestellungen

Was bedeutet die Inschrift des Schildes?

Wertung durch Betrachter

Betrachter	*Wertung*
1. Kinder:	keine Wahrnehmung
2. Frauen:	studieren die Inschrift
3. Nonnen:	Unsicherheit
4. Männer:	Kopfschütteln, Schweigen, Lachen, Gleichgültigkeit

Warum wird das Schild nicht irgendwo aufgestellt?

Standortsuche der Arbeiter

Gewünschte Standortwahl	*Gründe für die Verwerfung*
1. An Stelle des Holzkreuzes mit der Jesusfigur	Holzkreuz
2. In Nähe des Holzkreuzes	Pflasterbelag, Tankstelle, Wendehindernis
3. Auf Gemeindewiese-	Entfernung vom Ortsschild
4. Dem Kreuz gegenüber	Buchenäste
5. Rechts vom Kreuz (vom Betrachter aus)	Verbrecher, dem durch Jesus Vergebung zuteilwurde

Das Eurospiel

Hier findet ihr Themenstellungen, die ihr zu einer Themafrage umformulieren sollt. Dabei entscheidet der Wurf einer Euromünze über die Wahl zwischen Wert- oder Sachfrage. Bei „Zahl" müsst ihr ein Thema aus dem linken Themenspeicher wählen und in eine entsprechende Frageform bringen, zeigt die Münze eine Sache (wie z. B. das Tor), stehen die Themen rechts zur Auswahl. Werft die Münze reihum und entscheidet anhand der Lösungen, die immer nur Richtlinien und nicht ausschließlich Vorgaben sind, ob der Werfer seine Aufgabe gut (2 Punkte) oder befriedigend (1 Punkt) löst. Ermittelt unter euch den Punktsieger und meldet ihn eurem Lehrer!

Hier zwei Beispiele. Auch wenn das Thema als Frage formuliert ist, muss am Ende der Einleitung eine Themafrage stehen.

dialektischer Themenspeicher:

Das Thema lautet:

Kollektivschuld oder unschuldig an den Naziverbrechen? Erörtere die Fragestellung nach dem Anteil der Schuld, den der deutsche Bürger in der Zeit der Nationalsozialisten am Holocaust trägt!

Beispiel für die Umformulierung des Themas zu einer **Wertfrage** am Ende der Einleitung:

... und so stellt sich die Frage, ob alle Deutschen an der Verfolgung und Ermordung der Juden im Dritten Reich gleichermaßen schuld sind oder ob nur die unmittelbar am Verbrechen des Holocaust beteiligten Nazis dafür Verantwortung tragen?

weitere Themen:

1. Ist der Geschichtsunterricht in der Schule der richtige Ort, um dem Jugendlichen ein umfassendes Bild vom Holocaust zu vermitteln? *(TIPP: Ergänze in deinen Gedanken „oder nicht?" und du weißt sicher, dass es sich um eine dialektische Erörterung handelt)*
2. Der 27. Januar ist der Gedenktag der Opfer des Nationalsozialismus. Für wie sinnvoll hältst du die Einrichtung solcher Gedenktage?
3. „Wer wegsieht, macht sich schuldig!" Setze dich kritisch mit dieser Behauptung auseinander! Nimm dabei Bezug auf die Geschehnisse im Dritten Reich!
4. Filme über den Holocaust oder den Zweiten Weltkrieg werden dem wirklichen Leiden überhaupt nicht gerecht. Sie dienen der Filmindustrie allein dazu, viel Geld zu machen! Erörtere das Pro und Kontra von Hollywood-Produktionen wie „Schindlers Liste" oder „Der Soldat James Ryan".
5. „Irgendwann einmal muss mit dem Thema Holocaust Schluss sein!" Welche Gründe nennen die Vertreter dieser Auffassung? Welche Argumente kann man ihnen entgegenhalten? Wie beurteilst du selbst diesen Sachverhalt?
6. Die Tochter E. Langgässers hat nach dem Krieg schwere Vorwürfe gegen ihre Mutter erhoben, sie nicht rechtzeitig vor der Deportation nach Auschwitz bewahrt zu haben. Kann ein Außenstehender sich hierüber ein Urteil bilden?

linearer Themenspeicher:

Das Thema lautet:

Zeige auf, welche Verhaltensweisen des einzelnen Bürgers die systematische Judenverfolgung im nationalsozialistischen Deutschland schrittweise ermöglicht haben!

Beispiel für die Umformulierung des Themas zu einer **Sachfrage** am Ende der Einleitung:

...und so fragt man sich, welche Verhaltensweisen des deutschen Bürgers in Zeiten des Nationalsozialismus die systematische Verfolgung und Vernichtung der Juden überhaupt erst möglich gemacht haben.

weitere Themen:

1. Welche Möglichkeiten bieten sich der Schule, den Schülern die schrecklichen Geschehnisse im Dritten Reich zu vermitteln?
2. Suche nach möglichen Gründen, warum eine schweigende Mehrheit von immerhin 56 % der Deutschen, die Adolf Hitler nicht gewählt hatten, das Naziregime nicht verhindern konnte.
3. Welche Ursachen hat deiner Meinung nach das einhellige und altersunabhängige Urteil „besonders wertvoll" über den Film „Schindlers Liste"?
4. Welche Maßnahmen müssten deiner Meinung nach getroffen werden, um Anhänger der Neonazis über die Schrecken des Hitler-Regimes aufzuklären?
5. „Die Folgen des Holocaust reichen bis in dieses Jahrhundert hinein!" Zeige auf, welche Gültigkeit diese Behauptung hat.
6. Nicht das Aufrechnen von Schuld, sondern die Versöhnung zwischen den Nachkommen der Täter und Opfer des Holocaust ist Aufgabe gegenwärtiger Generationen. Lege dar, wie diese Versöhnungsarbeit geleistet werden kann!

Rundblick Erörterung Best.-Nr. 3-507-41762-6

Rundblick Erörterung Best.-Nr. 3-507-41762-6

Themafragen der Erörterung

2 Fragestellungen

Welcher Weg führt zu welcher Erörterungsform?

Wertfrage	Sachfrage
stellt vor	fragt nach
Entscheidung • Ja oder Nein • Für und Wider • Abwägung von Pro und Kontra	Ergänzung • Gründe • Ursachen • Folgen • Maßnahmen
führt zur:	führt zur:
dialektischen Stellungnahme (gegensätzlich)	linearen Darlegung (einsträngig)

Eurospiel: Richtlinien

dialektischer Themenspeicher: Wertfragen:

1. Kann man dem Jugendlichen im Geschichtsunterricht wirklich das Geschehen des Holocausts vermitteln?
2. Sind Gedenktage wie der 27. Januar eine sinnvolle Einrichtung oder nicht?
3. Ist derjenige, der seine Augen vor dem Unrecht verschließt, schuldig zu sprechen, oder gibt es Gründe, die mangelnde Zivilcourage entschuldigen?
4. Dienen Filme wie „Schindlers Liste" und „Der Soldat James Ryan" einem kommerziellen Zweck oder stellen sie eine gelungene Auseinandersetzung mit der historischen Wirklichkeit dar?
5. Der Holocaust – immer noch ein relevantes Thema oder Relikt der Vergangenheit?
6. Ist die Haltung E. Langgässers gegenüber ihrer Tochter überhaupt von einem Menschen zu beurteilen, der die Ereignisse nicht selbst erlebt hat?

linearer Themenspeicher: Sachfragen:

1. Wie kann die Schule eine Vorstellung von den schrecklichen Ereignissen im Dritten Reich vermitteln?
2. Wie konnte es passieren, dass eine Minderheit von Nazis gegen die Mehrheit des deutschen Volkes ihr Regime etablieren konnte?
3. Warum wird der Film „Schindlers Liste" international und in allen Altersgruppen ausgezeichnet bewertet?
4. Wie kann man Neonazis über das Unrecht des Hitler-Regimes wirksam aufklären?
5. Welche Indikatoren machen deutlich, dass das Thema Holocaust auch zu Beginn des neuen Jahrhunderts nichts an Aktualität eingebüßt hat?
6. Wie können die Generationen der Nachkommen von Täter und Opfer im Dritten Reich Versöhnungsarbeit leisten?

Gliederung: Wie gibt man dem Leser Orientierungshilfe?

Die Standortsuche für das Schild ist kompliziert, und es ist hilfreich, eine „Karte" vor Augen zu haben. Auch die unterschiedlichen Reaktionen der Bevölkerung auf die Inschrift des Schildes in einer Struktur festzuhalten, erleichtert das Textverständnis. Um dem Leser der Erörterung einen Überblick zu verschaffen, gibt man ihm auch einen „Lageplan der Argumente" an die Hand, die so genannte Gliederung. Es existieren verschiedene Gliederungsarten, und auch in Anlehnung an die beiden Grundtypen der Erörterung verschiedene Aufbaustrukturen. Die Anordnung der Argumente verläuft aber ähnlich: Man fängt mit dem schwächsten Argument an, das schlagkräftigste steht am Schluss.

1. Betrachte die Lageskizze und verbale Gliederung über die verschiedenen Standortmöglichkeiten für das Schild in der Kurzgeschichte „Saisonbeginn"!

1 Beratung der Männer
Frage: Warum wird das Schild nicht irgendwo aufgestellt?
2 Gründe für die Standortwahl der Männer
  2.1 An der Stelle des Holzkreuzes
  2.2 Tankstellenbelag vor Wegekreuz
  2.3 Entfernung Gemeindewiese
  2.4 Buchenzweige wie Mantelmadonna
  2.5 Schächer zur Linken (vom Betrachter)
  2.6 links vom Holzkreuz (vom Betrachter)
3 Zufriedenheit der Männer

2. Übertrage in die freien Stellen der folgenden Gliederung die Reaktionen auf die Inschrift des Schildes. Denke an eine Rangfolge (von schwach nach stark) der Reaktionen.

A. Die Wertung der Inschrift durch die Betrachter
Frage: Wie wird die Inschrift zur Geltung kommen?
B. Reaktionen der Bevölkerung
  I. Ablehnung
    1.
    2.
  II. Ohne Reaktion
    1.
    2.
    3.
    4.
  III. Befürworter
    1.
C. Reaktion des sterbenden Christus

3. Unterscheidet nun die beiden Gliederungstypen neben den Skizzen in ihrer Form! (Ziffern?)

4. Studiere intensiv das Informationsblatt zu den verschiedenen Gliederungstypen und -arten. Nimm das Blatt bei folgendem Spiel zu Hilfe!

5. Spielt das Memory ruhig mit aufgedeckten Karten. Formuliert die Karten bei der Paarsuche aus, z. B.: „Groß B, römisch Zweitens, arabisch 3. klein a entspricht..."

Z: Denke an die Erledigung der Zusatzaufgaben aus den Stationen „Dialektisch erörtern" und „Linear erörtern".

Rundblick Erörterung Best.-Nr. 3-507-41762-6

Rundblick Erörterung Best.-Nr. 3-507-41762-6

Formen der Gliederung

Was erscheint in der Gliederung?
z. B. Buchstaben/Ziffergliederung – dialektische Form (gegensätzlich) Argumentationsschema

Was geschieht im Aufsatz?
Buchstaben-/Zifferngliederung und numerische Gliederung sind austauschbar und können in beiden Grundtypen der Erörterung verwendet werden

Was erscheint in der Gliederung?
lineare Form (einsträngig) Begriffsschema – z. B. nummerische Gliederung

A.		**Einleitung**			**1**
	Gedanke in Kurzfassung	**Hinführung zum Thema**		**Gedanke in Kurzfassung**	
		Merke: Hinter ABC erscheint ein Punkt, aber auf eine allein stehende Ziffer folgt keiner!			
		Überleitung			
		Hauptteil			
		Beginn mit der Stellung der Themafrage			
		Merke: In manchen Gliederungen erscheint die Themafrage im unmittelbaren Anschluss an die Einleitung.			
B.	**Wertfrage**	Aufforderung zu einer Entscheidung	Vorgabe einer Zielrichtung durch Ergänzungsfrage	**Sachfrage**	**2**
		Eigentliche Auseinandersetzung mit dem Thema			
		Überleitung			
		Merke: Überleitungen sind an allen Nahtstellen zwischen größeren Abschnitten nötig.			
I.	**These**	Ansprechen der Pro-Argumente	Ansprechen des inhaltlich schwächsten Oberbegriffs	**erster Oberbegriff**	**2.1**
		Merke: Die Oberbegriffe (These/Antithese/Synthese) sollten einheitlich formuliert werden, entweder stichwortartig oder als vollständige Sätze.			
		Überleitung			
1.	**1.** Argument	Jedes Argument /jeder Unterpunkt		1. Unterpunkt	**2.1.1**
2.	**2.** Argument	fordert eine eigenständige,		2. Unterpunkt	**2.1.2**
3.	**3.** Argument	in sich geschlossene Argumentation		3. Unterpunkt	**2.1.3**
		Merke: Bei den meisten Gliederungsarten erfolgt die Rangfolge der Argumente/Unterpunkte von **schwach** nach **stark.**			
		Überleitung			
II.	**Antithese**[1]	Ansprechen der Kontra-Argumente	Ansprechen des zweiten stärkeren Oberbegriffs	**zweiter Oberbegriff**	**2.2**
		Überleitung			
1.	1. Gegenargument	als Argumentation ausführen		1. Unterpunkt	**2.2.1**
2.	2. Gegenargument			2. Unterpunkt	**2.2.2**
3.	3. Gegenargument	Ansprechen und Überleiten		3. Unterpunkt	**2.2.3**
a)	3. Gegenarg. 1. Beweis	im Folgenden die Beweise/Einzelaspekte als		3. Unterpunkt 1. Einzelaspekt	**2.2.3.1**
b)	3. Gegenarg. 2. Beweis	eigenständige Argumentation ausführen		3. Unterpunkt 2. Einzelaspekt	**2.2.3.2**
		Merke: Ein Beweis / Einzelaspekt kann nie allein stehen, er zieht mindestens noch einen zweiten nach sich (kein a ohne b!). Ist das nicht der Fall, ist er bereits im Argument/Unterpunkt enthalten.			
			Überleitung		
III.	**Synthese**	Abwägung der Pro- und Kontraargumente in einer persönlichen, wertenden Stellungnahme	Ansprechen des überzeugendsten Oberbegriffs	**dritter Oberbegriff**	**2.3**
	Untergliederung in einzelne Argumente • möglich ... ***aber*** • nicht zwingend		**Überleitung**		
			als Argumentation ausführen	1. Unterpunkt	**2.3.1**
				2. Unterpunkt	**2.3.2**
			Ansprechen und Überleiten	3. Unterpunkt	**2.3.3**
			als Argumentation ausführen	3. Unterpunkt 1. Einzelaspekt	**2.3.3.1**
				3. Unterpunkt 2. Einzelaspekt	**2.3.3.2**
C.		Schluss:			**3**
	Gedanke in Kurzfassung	**Abrundung der Darstellung**		**Gedanke in Kurzfassung**	

1 Möglich ist auch der direkte, also unmittelbare Wechsel zwischen Pro- und Kontraargument. Diese Anordnung der Argumente bevorzugt man, wenn das Thema sich nur schlecht in einem geschlossenen, großen Pro und Kontra-Block erörtern lässt. Die Argumente werden dann kleinschrittig (dafür, dagegen, dafür, dagegen) aber unter mehreren (wichtigen und bündelnden) Sachaspekten gegeneinander aufgeführt. Die Bezifferung der Gliederung bleibt dieselbe.

Lösung

B.I.3	2.1.3	A.	1	Hinter ABC Punkt	kein Punkt hinter allein stehender Ziffer
B.II.	2.2	B.	2	Antithese	zweiter Oberbegriff
B.II.1.	2.2.1	B.I.	2.1	Synthese	dritter Oberbegriff
B.II.2.	2.2.2	B.I.1.	2.1.1	vom schwächsten Argument	zum stärksten Argument
B.II.3.	2.2.3	B.I.2.	2.1.2	entweder Stichworte	oder Satz

B.III.3.	2.3.3	B.II.3.a	2.2.3.1	Anzahl der Einzelaspekte	gleichmäßig verteilen
B.III.3.	2.3.3	B.II.3.b	2.2.3.2	kein a) kein 1	ohne b) ohne 2
C.	3	B.III.	2.3	Nahtstelle von Abschnitten	Überleitung
Wertfrage	Sachfrage	B.III.1.	2.3.1		
These	erster Oberbegriff	B.III.2.	2.3.2		

Einleitung: Wie man den Leser zum Aufbruch in das Thema vorbereitet

Nach der idyllischen Schilderung von Landschaft und Dorf, die dem unvermittelten Erzählbeginn von der Tätigkeit der drei Arbeiter folgt, ist der Leser der Kurzgeschichte neugierig: Worauf ist man vorbereitet, was beginnt, und was hat es mit den Arbeitern auf sich?
Auch die Einleitung einer Erörterung soll direkt zum Thema führen und gleichzeitig auf den nachfolgenden Inhalt neugierig machen. Deswegen mündet sie dann auch in die Themafrage.
Übrigens: Einleitung und Schluss machen zusammen etwa 1/8 der Gesamtlänge einer Erörterung aus.

1. Im Materialteil dieser Station findet ihr verschiedene Anregungen für die Einleitung einer Erörterung. Da gibt es z. B. ein kurzes Interview mit E. Langgässer als Hintergrundinformation für einen literarischen Zugang[1], und da sind Karten mit allgemeinen Vorschlägen und entsprechende Karten mit erläuternden Beispielen: Ordnet die Paare (Vorschlag und Beispiel) einander zu!

2. Notiere: Möglichkeiten für eine Einleitung sind…

1.	6.
2.	7.
3.	8.
4.	9.
5.	

3. Verfasse nun eine eigene Einleitung. Bitte überlege, zu welchem der vier Erörterungsthemen aus den beiden Themenkreisen du hinführen möchtest, denn der letzte Satz deiner Einleitung sollte das Thema zielgerichtet als Frage formulieren. Diese fügst du jedoch erst an der Station „Themafrage" ein. Tauscht eure Einleitungen aus, korrigiert euch gegenseitig und fertigt eine Verbesserung an. Legt sie eurem Lehrer zur Nachkorrektur vor. Erörterungsthemen:

1. Zeige auf, welche Verhaltensweisen des einzelnen Bürgers die systematische Judenverfolgung im nationalsozialistischen Deutschland schrittweise ermöglicht haben!
2. Kollektivschuld oder unschuldig an den Naziverbrechen? Erörtere die Fragestellung nach dem Anteil der Schuld, den der deutsche Bürger in der Zeit der Nationalsozialisten am Holocaust trägt!
3. Welche Rolle spielt die Aufsatzart „Erörterung" für die Erschließung eines Problems oder eines Sachverhalts?
4. „Im Deutschunterricht der 10. Klasse sollte mehr gelesen werden, anstatt sinnlose Aufsatzarten wie die Erörterung einzuüben!" Setze dich kritisch mit dieser Aussage eines Elternteils auseinander!

1 An der Station Stoffsammlung und -strukturierung werdet ihr noch Näheres über E. Langgässer erfahren.

Rundblick Erörterung Best.-Nr. 3-507-41762-6

Aus einem (fiktiven) Interview mit E. Langgässer im Jahre 1949, ein Jahr vor dem Tod der Schriftstellerin:

Frau L., Sie sind als Tochter eines Architekten im Jahre 1899 geboren. Wie kam es bei diesem häuslichen Hintergrund denn dazu, dass Sie Schriftstellerin wurden?

Nun, das bin ich ja nicht gleich geworden, Schriftsteller wird man nicht. Mein Berufswunsch war eigentlich Lehrerin, und ich habe auch die pädagogische Ausbildung durchlaufen und war dann für einige Jahre in Darmstadt als Lehrerin tätig. Aber schon immer fühlte ich mich zum Schreiben hingezogen, als junges Mädchen machte ich erste lyrische Versuche.

Sie sind dann 1929 nach Berlin gegangen, haben in einer literarischen Zeitschrift erste landschaftsgebundene Gedichte veröffentlicht und Sie bekamen sogar den Ruf als Dozentin für Pädagogik und Methodik an die Frauensozialschule. Waren Frauen immer schon ihr heimliches Thema?

Was heißt heimlich? Selbstverständlich setze ich mich für die Anerkennung des weiblichen Geschlechts in meinem Fachbereich ein, gibt es doch so viele begabte Schriftstellerinnen, die in der Öffentlichkeit vollkommen unbeachtet bleiben. 1933 habe ich mit der Herausgabe der „Frauengedichte der Gegenwart" ja auch versucht, auf dieses Problem aufmerksam zu machen.

Frau L., die Nazis haben Ihnen in Ihrem Leben übel mitgespielt. Wir wissen auch, dass sie eine tiefe Beziehung zur katholischen Kirche haben, und wir berühren mit unserer Frage jetzt ein sehr dunkles Kapitel für Sie. Frau L., können Sie – angesichts der jüngsten Vergangenheit – überhaupt noch an Gott glauben?

Sie spielen sicher darauf an, dass meine älteste Tochter im KZ Auschwitz war, und ich nicht mit ihr gegangen bin, sondern bei meinen anderen Kindern blieb. *(Schweigen – Seufzen – Sprachlosigkeit)* Das gebrochene Verhältnis zwischen meiner Tochter und mir tut mir sehr weh. Aber zu Ihrer Frage: Ich habe oft gefragt, wo Gott da gewesen ist. Und immer wieder gebe ich mir die Antwort: Es ist ja nicht Gott der Schuldige, sondern das Satanische im Menschen, das den Tod in Deutschland brachte.

Frau L., in Ihrem Roman und auch in den zahlreichen Kurzgeschichten kommt immer wieder das Symbol als tragendes Element Ihrer dichterischen Sprache zum Ausdruck. Wie vielleicht manche unserer Zuhörer wissen, sind Sie mit einer schweren Krankheit geschlagen, Sie haben Multiple Sklerose, und niemand kann Ihnen vorhersagen, wie schnell der Krankheitsverlauf sein wird. Gibt es ein Symbol, welches für Ihr Leben wegweisend war und ist?

Nun es wäre jetzt wohl etwas platt, wenn ich sagen würde, das Kreuz. Aber ich kann nicht leugnen, dass dieses Symbol für mich große Bedeutung hat, wenn auch im Sinne des Aufraffens, d. h. dass die Menschen aus den Gräbern des Nihilismus, der Verzweiflung und der Monotonie endgültig aufstehen.

Frau L., Sie haben heute eine Kurzgeschichte mitgebracht, die Sie unseren Hörern nun vorlesen. Möchten Sie noch ein paar Worte dazu sagen?

Ich denke, das eben Gesagte ist eigentlich der richtige Kontext, in welchen meine Erzählung gehört. Sie trägt den Titel „Saisonbeginn".

Rundblick Erörterung Best.-Nr. 3-507-41762-6

4. Persönliches Erlebnis

Aus dem Reisetagebuch einer deutschen Austauschschülerin in Israel:

Waren heute in Jad-Vaschem, der Gedenkstätte der Holocaustopfer. Musste weinen, habe noch nie so furchtbare Aufnahmen aus dem KZ gesehen. Anschließend durch die „Allee der Gerechten" gelaufen. Jeder, der nachweislich einen Juden vor der Verfolgung gerettet hat, darf dort einen Ölbaum pflanzen. Warum gab es nur so wenig Gerechte??? Schäme mich fast, eine Deutsche zu sein. Und meine Gastgroßmutter ist so nett zu mir. Dabei hat sie ihre Eltern in Auschwitz verloren und war selbst dort....

8. Zitat

ABER ICH MUSS AUCH SAGEN, UND ZWAR AUS TIEFSTER ÜBERZEUGUNG, DASS NICHT ALLE BÜRGER, DIE DAMALS LEBTEN, SCHULDIG GEWORDEN SIND. ALS JUDE, DER SEINE IDENTITÄT IMMER NOCH IN DER TRADITION FINDET, GLAUBE ICH, DASS ES EINE KOLLEKTIVSCHULD NICHT GIBT.

AUS ELIE WIESEL: ERINNERUNGEN UND SCHULD, 1987

9. Literarischer Bezug

- In der Kurzgeschichte *„Saisonbeginn"* beschreibt E. Langgässer die Standortsuche dreier Arbeiter für ein Schild, dessen Inschrift für alle Kurgäste weithin sichtbar sein soll. Als sich am Ende der Erzählung die Inschrift „Juden unerwünscht" dem Leser offenbart, eröffnet sich im Horizont des Titels der Erzählung das furchtbare Ausmaß des Holocausts.
- Elisabeth Langgässers älteste Tochter unterlag als Dreivierteljüdin den Rassegesetzen der Nazis und überlebte Auschwitz. Sie sprach ihre Mutter später schuldig, sie nicht vor dem KZ bewahrt zu haben.

7. Sprichwort/ Redensart

Oh Heiliger St. Florian, verschon' mein Haus, zünd' andre an („St. Floriansprinzip")

Wer einen Stein ins Rollen bringt, auf den rollt er zurück

Wer von euch ohne Schuld sei, werfe den ersten Stein

Mit den Wölfen heulen

2. Gegenteilige Meinung als Kontrast

Unter den gängigen Auffassungen der Neonazis findet sich leider auch folgende Behauptung, die trotz erdrückender historischer Beweise aufgestellt wird:

Die Auschwitz-Lüge:
In Auschwitz haben nie Vergasungen stattgefunden. Das ist eine böse Erfindung der Gegner Adolf Hitlers.

Rundblick Erörterung Best.-Nr. 3-507-41762-6

3. Ausgrenzung eines Aspekts

Der Teilnehmer einer Gesprächsrunde über den Holocaust äußert sich folgendermaßen:

„Die Frage einer Erbschuld des deutschen Volkes am Holocaust ***kann doch nicht unser Thema sein.*** Nur die Schuldigen waren schuldig. Kinder von Mördern sind keine Mörder, sondern Kinder. Schuld wie Unschuld ist persönlich."

AUS ELIE WIESEL: ERINNERUNGEN UND SCHULD, 1987

5. Aktueller Anlass

Eine örtliche Zeitungsnotiz

Schändung des jüdischen Friedhofs

MAUSBACH In der Nacht zum Sonnabend wurde der jüdische Friedhof erneut Ziel neonazistischer Übergriffe.

Eine Gruppe Jugendlicher zog am Freitagabend grölend über das Friedhofsgelände und malte Hakenkreuze auf die Grabsteine.

Obwohl den umliegenden Bewohnern der Vorfall nicht verborgen geblieben sein konnte, erfuhr die Polizei erst viel später durch einen anonymen Anruf von den skandalösen Vorgängen. Beim Erscheinen der Beamten waren die Jugendlichen längst verschwunden. Der Oberbürgermeister drückte gegenüber dem örtlichen Rabbiner Natanael Weißmann sein größtes Bedauern aus.

1. Definition

Holocaust:
aus dem Griechischen hergeleiteter Begriff, der die systematische Verfolgung und Vernichtung der Juden im Dritten Reich umschreibt; Griechisch: *holos:* ganz, völlig; *caustos:* verbrannt worden sein.

Kollektivschuld:
Bezeichnung für die gemeinschaftliche Verantwortung des deutschen Volkes für den Holocaust.

6. Historischer Rückblick/Überblick

Nach der Befreiung der Konzentrationslager gingen grauenvolle Bilder um die Welt. Sie legten endgültig offen, was damals so viele nicht wissen und nicht wahrhaben wollten. Zwölf Jahre lang wurden in Deutschland und im besetzten Europa Millionen Menschen verschleppt. In Konzentrationslagern mussten sie sich zu Tode arbeiten, fielen zynischen medizinischen Experimenten zum Opfer, starben an Hunger und Seuchen, wurden massenhaft exekutiert oder mit Gas erstickt.

Aus W. Thierses Rede zum 27. Januar 2000

Rundblick Erörterung Best.-Nr. 3-507-41762-6

Dialektisch erörtern: Wie man Gegensätze überwindet

„Wie ein Richtspruch auf der Tafel" offenbart sich die Inschrift. Mit diesem Vergleich wird der Leser zu einem Urteil aufgerufen, denn wo ein Richtspruch ist, dort ist auch ein Ankläger und ein Angeklagter.
Die Erörterung bietet in ihrer dialektischen Form die Möglichkeit für eine Urteilsbildung zwischen Anklage und Verteidigung[1]. Zu Beginn stellt man dem Leser eine Wertfrage und führt ihm in Form einer These (Behauptung) erst einmal alle Pro-Argumente vor Augen. Dann erfolgt der Widerspruch als Antithese (Gegenbehauptung) mit den entsprechenden Gegenargumenten im Kontra-Block. Zuletzt wägt man in der Synthese die Pro- und Kontraargumente gegeneinander ab und gelangt zu einem eigenen, fundierten Urteil.

1. Ordne die Mind-Map eines Schülers: **Ist der Deutsche Bürger im Dritten Reich in der Schuldfrage der Judenverfolgung freizusprechen oder nicht?** Übertrage dazu die Argumente in einer Rangfolge (von schwach nach stark) in das entsprechende Raster auf dem zusätzlichen Arbeitsblatt unter „These" und „Antithese". Achte dabei auch auf die Textstellen aus der Kurzgeschichte, die der Schüler als Hilfe für seine Argumentation heranziehen würde. Überlege nun anhand der Skizze, welche „Synthese" der Schüler wohl gefunden hätte, und bemühe dich bei der Niederschrift um eine kurze und präzise Ausdrucksweise! Greift notfalls zur Lösung.

2. Spielt nun das folgende Rollenspiel! Verteilt die Rollen, macht euch mit der historischen Situation vertraut und filmt euer Stegreifspiel mit der Videokamera!

Historische Situation: Nach dem Krieg wurde in einem Entnazifizierungsverfahren durch die Siegermächte jeder Deutsche über 18 Jahre nach seinem Verhältnis zu den Nazis befragt. In den Gemeinden gab es so genannte „Spruchkammern", das waren Laiengerichte, die den Bürger in fünf Kategorien klassifizierten: Hauptschuldiger, Belasteter, Minderbelasteter, Mitläufer, Entlasteter.
Stellt eine Laiengerichtsszene nach, in welcher eine Person aus E. Langgässers Kurzgeschichte „Saisonbeginn" (z. B. Frau, Nonne, Arbeiter, Mann oder Kind) unter Anklage gestellt wird und in eine oben genannte Kategorie eingeordnet werden soll. Legt die Person vorher gemeinsam fest, damit ihr euch in eurer Rolle auf den Prozess ausreichend vorbereiten könnt!

Der Beschuldigte: Versetze dich in die Rolle der von euch gewählten Personen aus der Geschichte „Saisonbeginn" und suche nach Argumenten, die du zu deiner Verteidigung vorzutragen gedenkst.

Der Ankläger: Überlege dir, in welchen Punkten und mit welchen Begründungen du die Person aus E. Langgässers Kurzgeschichte unter Anklage stellen willst. Bereite dich gründlich auf den Prozess vor.

Der Richter: Wäge ab, welche Argumente der Angeklagte aus E. Langgässers Kurzgeschichte „Saisonbeginn" zu seiner Verteidigung vortragen und wie der Ankläger diese Argumente zu entkräften versuchen wird. Bedenke, dass du für dein Urteil eine sachliche Begründung brauchst.

3. Die sachliche Begründung des Richters entspricht in ihrer schriftlichen Form der Synthese in der dialektischen Erörterung. Formuliert euer persönliches Urteil zu der oben genannten Themafrage als Synthese und legt sie eurem Lehrer zur Korrektur vor. Denkt daran, dass es hier um die Abwägung von Pro und Kontra geht, und den richterlichen Urteilsbegründungen entsprechend ist das nicht mit zwei Sätzen getan.

Z. Wenn du an der Station „Gliederung" angelagt bist, musst du den hier aufgeführten Argumenten eine entsprechende Gliederungsform (nummerische oder gemischte) zuordnen.

[1] Dialektik bedeutet, durch Denken in Gegensatzbegriffen zu einer Überwindung der Gegensätze zu gelangen.

Rundblick Erörterung Best.-Nr. 3-507-41762-6

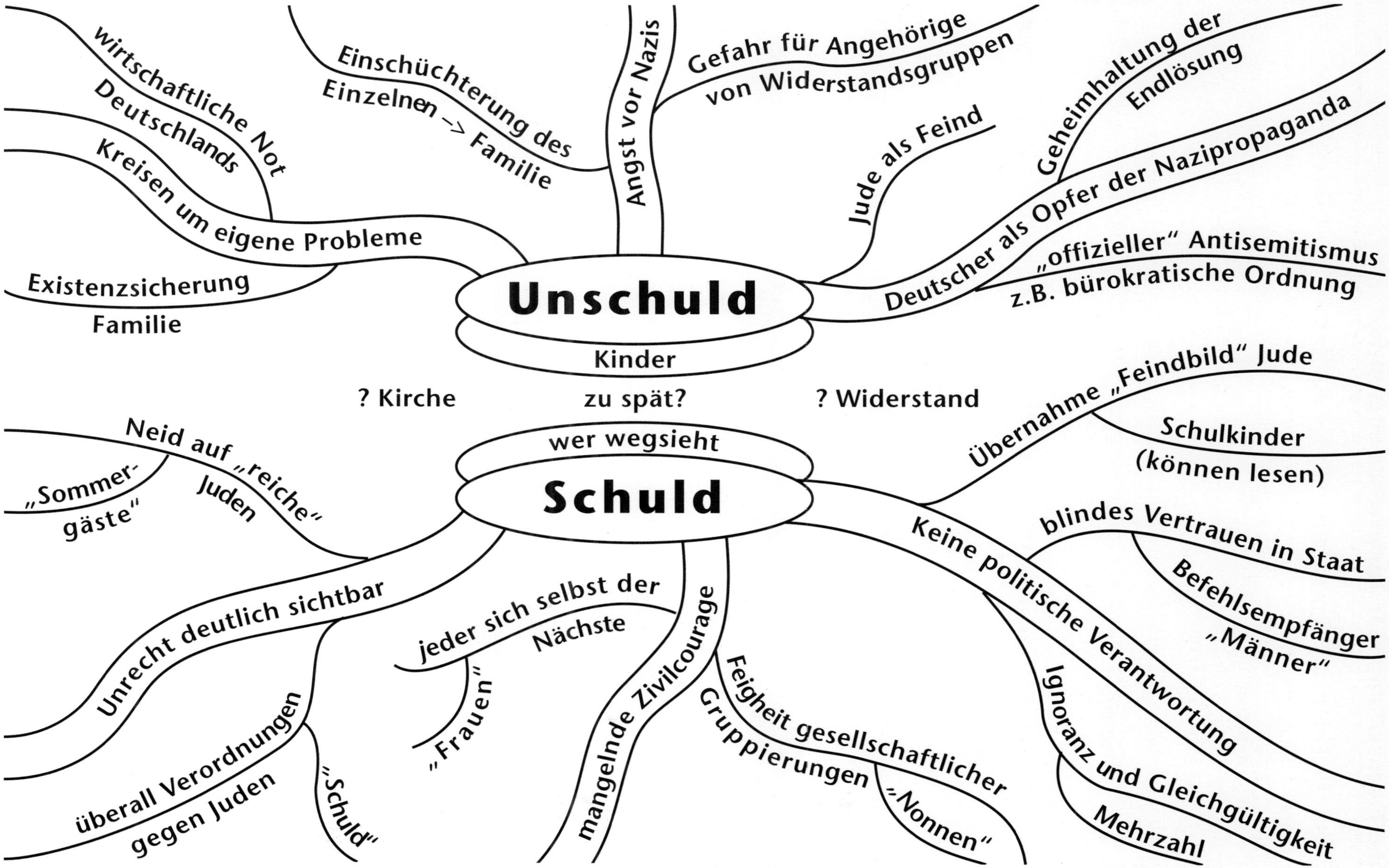
Unschuld
Kinder
wirtschaftliche Not
Deutschlands
Kreisen um eigene Probleme
Existenzsicherung
Familie
Einschüchterung des
Einzelnen -> Familie
Angst vor Nazis
Gefahr für Angehörige
von Widerstandsgruppen
Jude als Feind
Geheimhaltung der
Endlösung
Deutscher als Opfer der Nazipropaganda
„offizieller" Antisemitismus
z.B. bürokratische Ordnung
? Kirche
zu spät?
? Widerstand
Schuld
wer wegsieht
Neid auf „reiche"
Juden
„Sommer-
gäste"
Unrecht deutlich sichtbar
überall Verordnungen
gegen Juden
„Schuld"
jeder sich selbst der
Nächste
„Frauen"
mangelnde Zivilcourage
Feigheit gesellschaftlicher
Gruppierungen
„Nonnen"
Übernahme „Feindbild" Jude
Schulkinder
(können lesen)
Keine politische Verantwortung
blindes Vertrauen in Staat
Befehlsempfänger
„Männer"
Ignoranz und Gleichgültigkeit
Mehrzahl

Zwischen Pro und Kontra

Themafrage: Ist der deutsche Bürger im Dritten Reich in der Schuldfrage der Judenverfolgung freizusprechen oder nicht?

These:

1. Argument

Beweis

Beweis

2. Argument

Beweis

Beweis

3. Argument

Beweis

Beweis

Beweis

Antithese

1. Argument

Beweis

Beweis

2. Argument

Beweis

Beweis

3. Argument

Beweis

Beweis

Beweis

Synthese

1. Argument

2. Argument

3. Argument

Rundblick Erörterung Best.-Nr. 3-507-41762-6

Themafrage: Ist der deutsche Bürger im Dritten Reich in der Schuldfrage der Judenverfolgung freizusprechen oder nicht?

These:			**Gründe für Unschuld**
	1. Argument		***mangelnde Wahrnehmung der Ausgrenzung und Verfolgung von Juden***
		Beweis	*Probleme der Existenzsicherung der eigenen Familie*
		Beweis	*wirtschaftliche Not des deutschen Volkes*
	2. Argument		***Angst vor Ausübung staatlicher Gewalt bei Parteinahme für einen Juden***
		Beweis	*Einschüchterung im Privatleben*
		Beweis	*Druck auf gesellschaftliche Gruppen des Widerstands*
	3. Argument		***Wirkung der Propaganda des NS-Regimes beim Umgang mit den Juden***
		Beweis	*gezielter Aufbau eines Feindbildes*
		Beweis	*Verschleierung durch offiziellen Charakter des Antisemitismus*
		Beweis	*Geheimhaltung der Endlösung der Judenfrage*
Antithese			**Indizien der Schuld**
	1. Argument		***alltägliches Unrecht am Juden wahrnehmbar***
		Beweis	*frühzeitige Anzeichen der Ausgrenzung und Verfolgung (Schild: Juden sind unerwünscht)*
		Beweis	*Sozialneid auf reiche Juden („sie würden kommen,... die Sommergäste... aber vor allem die Autobesitzer.")*
	2. Argument		***mangelnde Zivilcourage im Alltag (Reaktion auf die Inschrift)***
		Beweis	*im privaten Bereich („Frauen" und „kommen von der Arbeit")*
		Beweis	*in gesellschaftlichen Gruppierungen (z. B. Nonnen...)*
	3. Argument		***fehlende politische Verantwortung des Einzelnen***
		Beweis	*unkritisches Übernehmen eines Feindbildes (Schulkinder können lesen!)*
		Beweis	*blindes Vertrauen in staatliches Handeln (Arbeiter mit dem Schild kümmern sich nicht um das inhaltliche Ausmaß des Befehls)*
		Beweis	*Ignoranz und Gleichgültigkeit (Mehrzahl blieb davon unberührt)*
Synthese			**individuelle Schuld**
	1. Argument		***Kinder schuldlos***
	2. Argument		***„Nicht sehen – nicht hören – nicht reden" als Zeichen der Schuld***
	3. Argument		***Versagen der Kirche und anderer Widerstandsbewegungen (Wehret den Anfängen!)***

Rundblick Erörterung Best.-Nr. 3-507-41762-6

Linear erörtern: Wie man Schritt für Schritt an Überzeugungskraft gewinnt

Die armen Männer! Ihre Suche nach dem besten Standort gestaltet sich wirklich schwierig. Jeder von ihnen in Erwägung gezogene Aufstellungsort für das Schild überzeugt nicht hundertprozentig und muss so einem besseren Platz weichen.
Wenn man den Leser der Erörterung von einem bereits zu Beginn festgelegten Standpunkt überzeugen möchte, verwendet man dafür die lineare Form. Dabei geht es um die Beantwortung einer Sachfrage, und so werden die Sachargumente steigernd nach ihrer Überzeugungskraft angeordnet. Für die Anordnung ausschlaggebend ist der in der Themafrage angesprochene Sachaspekt (z. B. Ursachen, Gründe, Folgen ... etc.).

1. Du findest im Materialteil Satzkarten in doppelter Ausführung mit über- und untergeordneten Argumenten bzw. Oberbegriffen und Unterpunkten zum 1. Thema aus unseren beiden Themenkreisen:
Zeige auf, welche Verhaltensweisen des einzelnen Bürgers die systematische Judenverfolgung im nationalsozialistischen Deutschland schrittweise ermöglicht haben!
Lies bitte die Zitate auf dem zusätzlichen Arbeitsblatt und notiere neben die Ziffern des Zitats den dazu passenden Buchstaben des Unterpunktes auf den Satzkarten.

2. Vergleicht eure Ergebnisse miteinander und schreibt die beiden passenden Zitatziffern mit wasserlöslichem Folienstift auf die laminierten Satzkarten. (Es kann durchaus Zweifelsfälle bei der Zuordnung geben, vgl. Lösung.)
Bildet mit den Karten in steigender Anordnung der Argumente zwei verschiedene Treppen! Die Treppen müssen eindeutig den beiden unterschiedlichen Ordnungsaspekten (sie sind unterstrichen) zuzuordnen sein!

Welche Gründe können für die <u>Schuld</u> des einzelnen deutschen Bürgers an der Judenverfolgung in Dritten Reich geltend gemacht werden?

Achtung: zu Grunde liegende Ordnung nach Gesichtspunkten der **moralischen Schuld:** Welche Verhaltensweisen sind menschlich einsichtig, welche fragwürdig, welche verwerflich? Vorsicht: Verwechsle diesen Ordnungsaspekt nicht mit dem dialektischen Übungsaufsatzthema zur Problematik der Kollektivschuld!

Welche Verhaltensweisen des einzelnen Bürgers haben die systematische Judenverfolgung im nationalsozialistischen Deutschland <u>schrittweise</u> ermöglicht?

Achtung: zu Grunde liegende Ordnung ist die **Chronologie**, d. h. welche Verhaltensweisen am Anfang und welche später für den Ablauf der Verfolgung ausschlaggebend waren.

Rundblick Erörterung Best.-Nr. 3-507-41762-6

3. Entscheide nun, welche dieser linearen Anordnungen du in das folgende Raster eintragen möchtest. Achte dabei darauf, dass du hier eine auf dem Kopf stehende „Treppe" eintragen musst, damit das „Spitzenargument" am Schluss erscheint. (Die linken Spalten füllst du erst an der Station „Gliederung" – Mit der Wanderkarte aus)

Z. Wenn du die Station „Gliederung" anläufst, musst du den hier aufgeführten Argumenten eine entsprechende Form verleihen, d. h. eine nummerische oder eine gemischte Art der Aufzählung. Lege den hierbei entstandenen B-Teil / Teil 2 der Gliederung deinem Lehrer zur Kontrolle vor!

Löscht die Zitatziffern auf den Satzkarten wieder, damit die nachfolgende Gruppe die Lösung nicht vorfindet.

Rundblick Erörterung Best.-Nr. 3-507-41762-6

Menschenverachtung durch Rassenideologie

A) Der Jude als Feind des deutschen Volkes
B) Der Jude als Angehöriger einer minderwertigen Rasse

Zitat .... und ....

Leblose Religionsausübung

C) nach innen gewandte Religiosität
D) gleichgeschaltetes Christentum

Zitat .... und ....

Wirtschaftliche Interessen

E) wirtschaftlicher und sozialer Aufstieg des Einzelnen
F) Kapitalschlagung aus der Not der Juden

Zitat .... und ....

Mangelnde Hinterfragung staatlicher Autorität

G) Vollstreckermentalität des Befehlsempfängers
H) blindes Vertrauen in den Propagandaapparat

Zitat .... und ....

Angst vor der staatlichen Gewalt

I) Berufsverbot und Verfolgung des Einzelnen
J) Lebensgefahr für Widerstandskämpfer

Zitat .... und ....

Gleichgültigkeit gegenüber Unrecht an Mitbürgern

K) keine Solidarität mit dem Verfolgten
L) bewusstes Wegschauen (nach dem St. Florians-Prinzip)

Zitat .... und ....

Welche Gründe können für die Schuld des einzelnen deutschen Bürgers an der Judenverfolgung im Dritten Reich geltend gemacht werden?
Welche Verhaltensweisen des einzelnen Bürgers haben die systematische Judenverfolgung im nationalsozialistischen Deutschland schrittweise ermöglicht?

Rundblick Erörterung Best.-Nr. 3-507-41762-6

Rundblick Erörterung Best.-Nr. 3-507-41762-6

Du findest hier zwölf Äußerungen aus der Zeit des Nationalsozialismus. Welche Zitate gehören zu den entsprechenden Unterpunkten auf den Satzkarten? Notiere die Großbuchstaben des Unterpunktes neben das passende Zitat auf diesem Blatt!

1. Dietrich Bonhoeffer, ein Pfarrer im Widerstand:

Was steckt eigentlich hinter der Klage über die mangelnde Zivilcourage? ... Es wäre eine zu naive Psychologie, diesen Mangel einfach auf persönliche Feigheit zurückzuführen. Wir Deutschen haben in einer langen Geschichte die Notwendigkeit und die Kraft des Gehorsams lernen müssen. In der Unterordnung aller persönlichen Wünsche und Gedanken unter den uns gewordenen Auftrag sahen wir Sinn und Größe unseres Lebens... Eine entscheidende Grundkenntnis fehlte dem Deutschen noch: die von der Notwendigkeit der freien, verantwortlichen Tat auch gegen Beruf und Auftrag.

Bonhoeffer wurde übrigens in den letzten Kriegstagen noch hingerichtet.

In: Der Nationalsozialismus. Dokumente 1933-1945. Hrsg. und kommentiert von Walther Hofer. Frankfurt a.M.: Fischer 1981[6]. S. 325f.

2. Aus Hitlers Testament vom 29. April 1945:

„Vor allem verpflichte ich die Führung der Nation und die Gefolgschaft zur peinlichen Einhaltung der Rassegesetze und zum unbarmherzigen Widerstand gegen den Weltvergifter aller Völker, das internationale Judentum."

Evangelische Kirche zwischen Kreuz und Hakenkreuz. Bilder einer Ausstellumg. Stuttgart: Calwer Verlag 1988[3]. S. 15.

3. Martin Niemöller, ein Pastor des Widerstands, seit 1937 in NS-Haft:

„Als die Nazis die Kommunisten holten, habe ich geschwiegen; ich war ja kein Kommunist. Als sie die Sozialdemokraten einsperrten, habe ich geschwiegen; ich war ja kein Sozialdemokrat. Als sie die Katholiken holten, habe ich nicht protestiert; ich war ja kein Katholik. Als sie mich holten, war niemand mehr da, der protestieren konnte."

Aus den Nürnberger Nachrichten.

4. Aus dem SS-Hauptamt:

Der Untermensch – jene biologisch scheinbar völlig gleich geartete Naturschöpfung mit Händen und Füßen und einer Art von Gehirn, mit Augen und Mund, ist doch eine ganz andere, eine furchtbare Kreatur, ist nur ein Wurf zum Menschen hin, mit menschenähnlichen Gesichtszügen – geistig, seelisch jedoch tiefer stehend als jedes Tier... Und diese Unterwelt der Untermenschen fand ihren Führer: – den ewigen Juden.

In: Der Nationalsozialismus. Dokumente 1933-1945. Hrsg. und kommentiert von Walther Hofer. Frankfurt a.M.: Fischer 1981[6]. S. 280.

5. Marcel Reich-Ranicki, ein jüdischer Literaturkritiker, erinnert sich:

Dass aber immer mehr Juden von der Schule verschwanden und diejenigen, die noch verblieben waren, diskriminiert und ausgesondert wurden – das haben unsere Mitschüler ... wohl für selbstverständlich gehalten.

Aus: Marcel Reich-Ranicki: Mein Leben. Stuttgart: DVA 1999. S. 80.

6. Aus dem Reichskonkordat (Vereinbarung zwischen dem Heiligen Stuhl und der deutschen Reichsregierung) 1933:

„Art. 31 Diejenigen katholischen Verbände, die ausschließlich religiösen, rein kulturellen und karitativen Zwecken dienen und als solche der kirchlichen Behörde unterstellt sind, werden in ihren Einrichtungen und in ihrer Tätigkeit geschützt."

Brennpunkte der Kirchengeschichte. Ein Arbeitsbuch von H. Gutschera und J. Thierfelder. Paderborn: Ferdinand Schöningh 1976. S. 224.

7. Aus dem Wahlaufruf der NSDAP von 1932:

Hitler ist die letzte Hoffnung derer, denen man alles nahm, Haus und Hof, Ersparnisse, Existenz, Arbeitskraft, und denen nur eines blieb, der Glaube an ein gerechtes Deutschland, das seine Volksgenossen wieder die Ehre, Freiheit und Brot geben wird.

In: Der Nationalsozialismus. Dokumente 1933-1945. Hrsg. und kommentiert von Walther Hofer. Frankfurt a.M.: Fischer 1981[6]. S. 24.

8. Aus dem Todesurteil des Widerstandskämpfers Hans Scholl, Mitglied der studentischen Widerstandsbewegung „Weiße Rose":

Wenn solches Handeln anders als mit dem Tod bestraft würde, wäre der Anfang einer Entwicklungskette gebildet, deren Ende einst 1918 war. Deshalb gab es für den Volksgerichtshof zum Schutze des kämpfenden Volkes und Reiches nur eine gerechte Strafe, die Todesstrafe.

In: Der Nationalsozialismus. Dokumente 1933-1945. Hrsg. und kommentiert von Walther Hofer. Frankfurt a.M.: Fischer 1981[6]. S. 331.

9. Aus der Entschließung der Deutschen Christen (DC) im November 1933:

Wir erwarten, dass unsere Landeskirche als eine deutsche Volkskirche sich frei macht von allem Undeutschen in Gottesdienst und Bekenntnis, insbesondere vom Alten Testament und seiner jüdischen Lohnmoral.

Die DC vertraten einen nationalsozialistisch gesinnten Protestantismus und hatten in der „Bekennenden Kirche" ihren (theologischen) Gegner.

In: Der Nationalsozialismus. Dokumente 1933-1945. Hrsg. und kommentiert von Walther Hofer. Frankfurt a.M.: Fischer 1981[6]. S. 131.

10. Der Reichsminister der Finanzen 1941:

Juden, die nicht in volkswirtschaftlichen Betrieben beschäftigt sind, werden in den nächsten Monaten abgeschoben. Das Vermögen der abzuschiebenden Juden wird zu Gunsten des Deutschen Reichs einbezogen.

In: Der Nationalsozialismus. Dokumente 1933-1945. Hrsg. und kommentiert von Walther Hofer. Frankfurt a.M.: Fischer 1981[6]. S. 298.

11. Ein Hochschullehrer in seinem Schlusswort in einem Prozess:

Sie haben mir den Rang und die Rechte eines Professors ... genommen und mich dem niedrigsten Verbrecher gleichgestellt. Die innere Würde des Hochschullehrers, des offenen, mutigen Bekenners seiner Welt- und Staatsanschauung, kann mir kein Hochverratsverfahren rauben ... Ich habe gehandelt, wie ich aus einer inneren Stimme heraus handeln musste.

In: Der Nationalsozialismus. Dokumente 1933-1945. Hrsg. und kommentiert von Walther Hofer. Frankfurt a.M.: Fischer 1981[6]. S. 333.

12. In einem Flugblatt der „Weißen Rose" heißt es:

Mit mathematischer Sicherheit führt Hitler das deutsche Volk in den Abgrund ... Seine und seiner Helfer Schuld hat jedes Maß unendlich überschritten ... Was aber tut das deutsche Volk? Es sieht nicht und es hört nicht. Blindlings folgt es seinen Verführern ins Verderben.

Die „Weiße Rose" war eine studentische Widerstandsbewegung (berühmte Vertreter: Hans und Sophie Scholl).

In: Der Nationalsozialismus. Dokumente 1933-1945. Hrsg. und kommentiert von Walther Hofer. Frankfurt a.M.: Fischer 1981[6]. S. 327.

Rundblick Erörterung Best.-Nr. 3-507-41762-6

Lösung A
zur Themafrage:

Welche Gründe können für die Schuld des einzelnen deutschen Bürgers an der Judenverfolgung im Dritten Reich geltend gemacht werden?

Zu Grunde liegende Ordnung nach Gesichtspunkten der moralischen Kritik: Welche Verhaltensweisen sind menschlich einsichtig, welche ethisch fragwürdig?

Menschenverachtung durch Rassenideologie
Der Jude als Feind des deutschen Volkes
Der Jude als Angehöriger einer minderwertigen Rasse
Zitat 2 und 4

Wirtschaftliche Interessen
wirtschaftlicher und sozialer Aufstieg des Einzelnen
Kapitalschlagung aus der Not der Juden
Zitat 7 und 10

Gleichgültigkeit gegenüber Unrecht an Mitbürgern
keine Solidarität mit dem Verfolgten
bewusstes Wegschauen (nach dem St. Florians-Prinzip)
Zitat 5 und 3

Leblose Religionsausübung
nach innen gewandte Religiosität
gleichgeschaltetes Christentum
Zitat 6 und 9

Mangelnde Hinterfragung staatlicher Autorität
Vollstreckermentalität des Befehlsempfängers
blindes Vertrauen in den Propagandaapparat
Zitat 1 und 12

Angst vor der staatlichen Gewalt
Berufsverbot und Verfolgung des Einzelnen
Lebensgefahr für Widerstandskämpfer
Zitat 11 und 8

Lösung B
zur Themafrage:

Welche Verhaltensweisen des einzelnen Bürgers haben die systematische Judenverfolgung im nationalsozialistischen Deutschland schrittweise ermöglicht?

Zu Grunde liegende Ordnung ist die Chronologie, d. h. welche Verhaltensweisen am Anfang, welche später für den Ablauf der Verfolgung ausschlaggebend waren.

Angst vor der staatlichen Gewalt
Berufsverbot und Verfolgung des Einzelnen
Lebensgefahr für Widerstandskämpfer
Zitat 11 und 8

Menschenverachtung durch Rassenideologie
Der Jude als Feind des deutschen Volkes
Der Jude als Angehöriger einer minderwertigen Rasse
Zitat 2 und 4

Gleichgültigkeit gegenüber Unrecht an Mitbürgern
keine Solidarität mit dem Verfolgten
bewusstes Wegschauen (nach dem St. Florians-Prinzip)
Zitat 5 und 3

Leblose Religionsausübung
nach innen gewandte Religiosität
gleichgeschaltetes Christentum
Zitat 6 und 9

Mangelnde Hinterfragung staatlicher Autorität
Vollstreckermentalität des Befehlsempfängers
blindes Vertrauen in den Propagandaapparat
Zitat 1 und 12

Wirtschaftliche Interessen
wirtschaftlicher und sozialer Aufstieg des Einzelnen
Kapitalschlagung aus der Not der Juden
Zitat 7 und 10

Argumentation: Wie man den Leser mit vier Schritten in Bann schlägt!

Elisabeth Langgässer macht in ihrer Kurzgeschichte am Beispiel der Kreuzesinschrift „I.N.R.I."[1] deutlich, wie fließend die Grenzen zwischen Behauptung und Wahrheit im Laufe der Zeit werden können.
Für die Erörterung ist es entscheidend, eine Behauptung auch mit entsprechender Begründung zu untermauern und durch ein Beispiel zu belegen. Wenn sich am Ende einer solchen Argumentationskette der Kreis schließt und die Behauptung gestützt wird, hat man den Leser in Bann geschlagen und er wird die Behauptung als „richtig" einstufen. Je mehr man in der Argumentation auf allgemeine Erfahrungen und gängige Einsichten zurückgreift und auf pauschale Feststellungen verzichtet, umso überzeugender fällt die Erörterung aus. In der dialektischen Erörterung stellt man zu einer Behauptung auch eine Gegenbehauptung auf. Doch das lernst du an der Station „Dialektisch erörtern – Zwischen Pro und Kontra". Hier erfährst du, wie man überzeugend argumentiert.

1. Betrachtet zuerst einmal das Informationsblatt mit den beiden Argumentationskreisen zu dem historischen Problem der Kreuzesinschrift I.N.R.I. Du siehst daran, wie du über vier **Bs** schreiten (**B**ehauptung, **B**egründung, **B**eispiel und **B**ezug zur Behauptung) und so zusammenhängend argumentieren kannst.

2. Bitte nimm dir Farbstifte zur Hand und markiere im anschließenden Text die folgenden vier **B**-Schritte

blau: **Behauptung**

rot: **Begründung**

gelb: **Beispiel**

grün: **Bezug zur Behauptung**

Steven Spielberg ist ein Hollywoodregisseur, der in seinen Filmen zu unterhalten wünscht und darüber hinaus auch ein erzieherisches Anliegen vertritt. Immer wieder greift Spielberg in seinen Filmen Themen auf, die ein unrühmliches Kapitel der Weltgeschichte aufschlagen und von Menschen erzählen, welche sich mutig dem herrschenden Zeitgeist entgegenstellten. „Amistad" und „Schindlers Liste" geben hierfür ein eindrucksvolles Beispiel. Der eine Film erzählt den historischen Durchbruch der Gegner des Sklavenhandels, der andere die Rettung von 1000 Juden vor dem Holocaust durch den Industriellen Oskar Schindler. Internationale Auszeichnungen und Prädikate wie „besonders wertvoll" machen deutlich, dass Spielbergs Filme Inhalte offerieren, die nicht nur sehenswert, sondern auch bildend sind.

Lösungstipp: Wenn du die Nahtstellen der Farbgrenzen nacheinander liest, erhältst du folgende Wortkombination: vertritt/immer... entgegenstellten/Amistad... Schindler/Internationale.

3. Bearbeite nun das Arbeitsblatt „Übungen zum schrittweisen Aufbau einer Argumentation". Vergleiche dann dein Ergebnis mit der Lösung.

4. Spielt nun gemeinsam das Spiel „Im Bann des Argumentationskreises" und benutzt dabei die Formulierungshilfen, die ihr auf der Spielanleitung findet.

Z. Fertige einen vollständigen Argumentationskreis zu folgender Aussage an: „Behauptungen sind noch lange keine Argumente!" Lege das Ergebnis dem Lehrer zur Korrektur vor!

---

1 Um diese Textstelle zu verstehen, bedarf es einer Hintergrundinformation: INRI sind die lateinischen Anfangsbuchstaben eines Titels für den Gekreuzigten und bedeuten: Jesus (J=I) (von), Nazareth, König (=Rex), (der) Juden (J=I). Für die Römer war das gleichzeitig die Begründung des Todesurteils, denn ein politischer Aufrührer war des Hochverrats schuldig. Als Jesus diesen Titel über sein Haupt angenagelt bekam, waren einige Juden sehr empört, denn er war ja gar nicht ihr König. Sie sahen in ihm eher einen Gotteslästerer, der sich anmaßte, der versprochene Messias, der Retter Israels zu sein.

Rundblick Erörterung Best.-Nr. 3-507-41762-6

Argumentationskreis der Römer zu der These/dem Oberbegriff: „Jesus: König der Juden“

...denn...

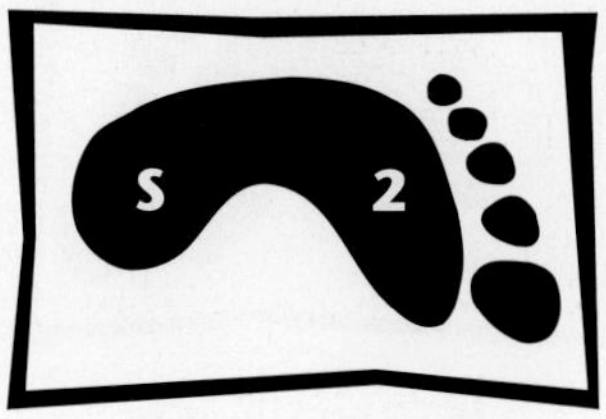

...nämlich...

Begründung
...er ist als Messias aufgetreten...

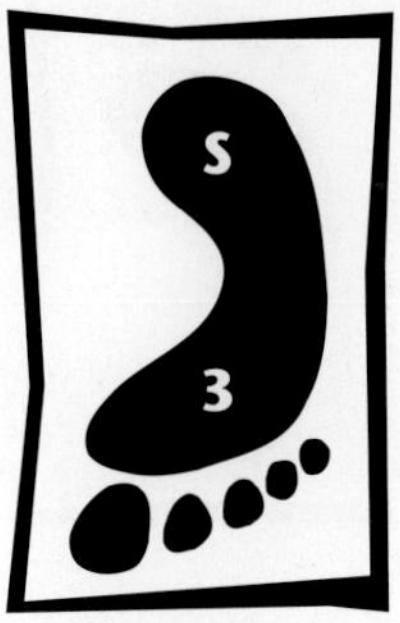

Behauptung:
Römer meint:
...dass Jesus ein König der Juden ist...

(Rück)Bezug zur Behauptung
...es nur politisch motivierte Menschen tun...

Beispiel
...bei der Ankündigung eines neuen Reiches...

...so...

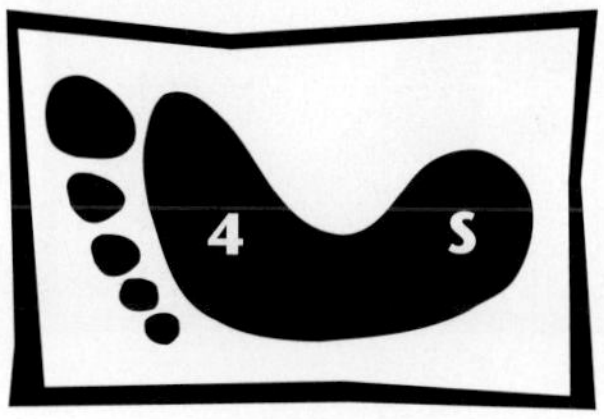

...wie...

Rundblick Erörterung Best.-Nr. 3-507-41762-6

Argumentationskreis der Pharisäer zu der These/dem Oberbegriff: „Jesus: kein König der Juden“

...denn...

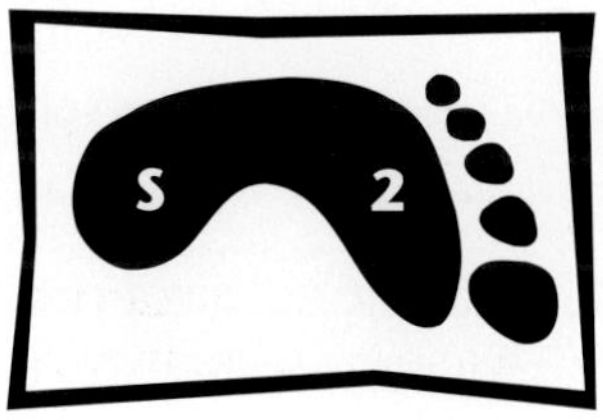

...nämlich...

Begründung
...Jesus hat von sich nur *gesagt*, er sei der Messias...

Behauptung:
Pharisäer meint:
...dass die Inschrift INRI unzutreffend ist...

(Rück)Bezug zur Behauptung
...es nur Gotteslästerer tun...

Beispiel
...als er Antwort auf die Frage des Hohenpriesters gab...

...so...

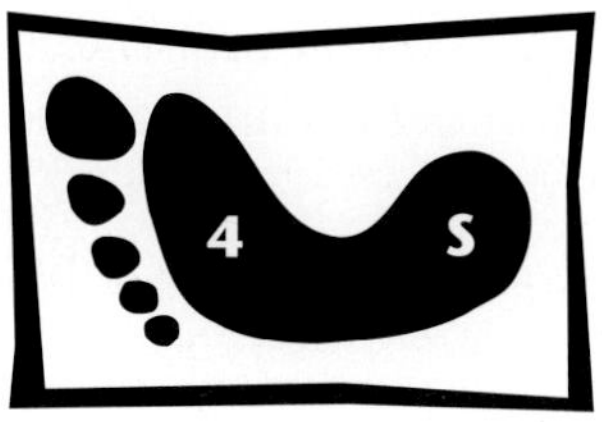

...wie...

Übungen zum schrittweisen Aufbau einer Argumentation

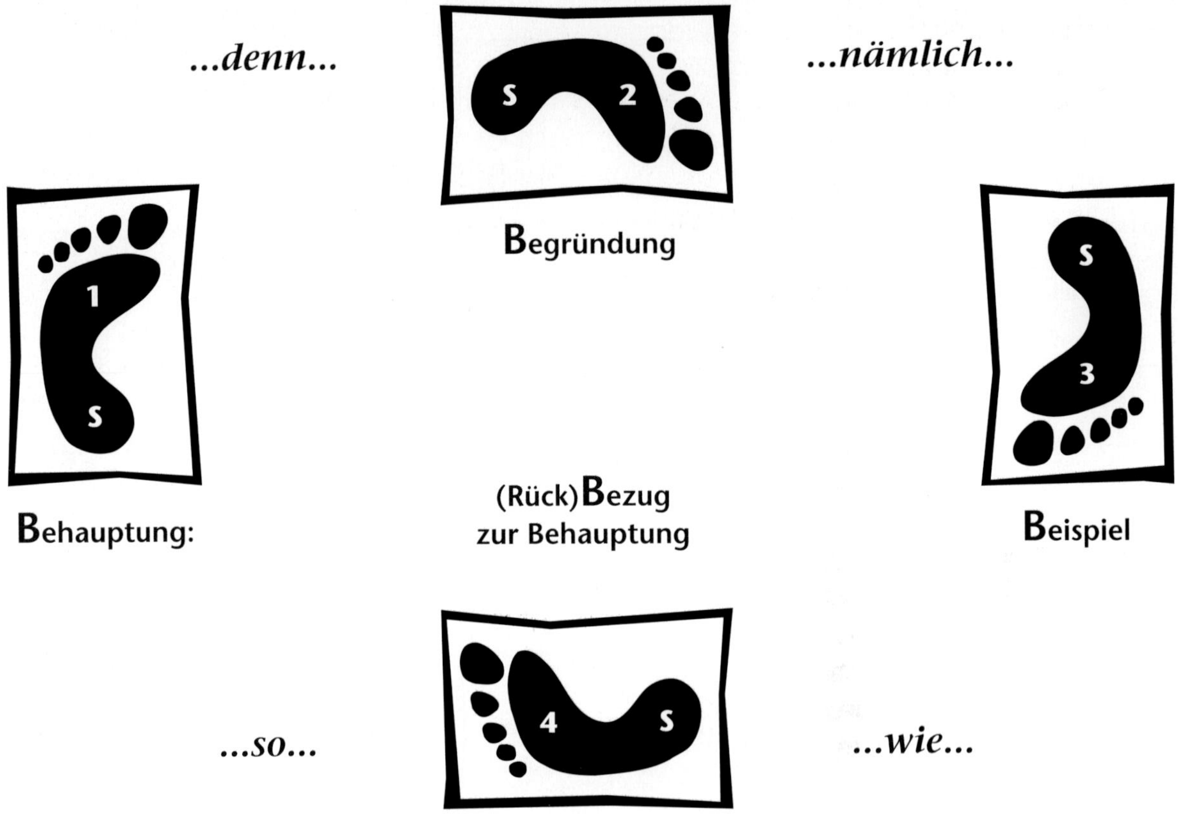

Arbeitsauftrag: Welchem Argumentationsschritt entsprechen die unten aufgeführten Äußerungen? Ordne den vier „S“ im Argumentationskreis die richtigen „Bs“ zu!

B3. Die Einübung von bestimmten Aufsatzarten im Deutschunterricht ist sehr

B8. Die Recherche zu einem Thema konfrontiert einen mit ganz unterschiedlichen Meinungen und Haltungen.

B7. Die „normale“ deutsche Familie war am Anfang der 30er-Jahre viel zu sehr mit sich selbst beschäftigt, um für die Alltagsprobleme der Juden ein Auge zu haben.

B4. Erst galt es, die eigenen Münder zu stopfen. Ob der jüdische Nachbar nun studieren durfte oder nicht, interessierte einen besorgten Familienvater kaum.

B5. Für das Kennenlernen dieser Aufsatzart ist ein Zeitbedarf von ca. 12 Unterrichtsstunden nötig, und das bedeutet bei vielleicht drei Wochenstunden einen Mindestaufwand von 4 Unterrichtswochen.

B6. Diese Erfahrungen führten dazu, die Ängste der Bevölkerung zu schüren, sodass sich nur wenige Menschen der Widerstandsbewegung anschlossen.

B1. Hieran sieht man, wie die Aufsatzart „Erörterung“ das differenzierte Denken schult und eine kritische Betrachtungsweise hervorruft.

B2. Der Druck auf die Widerstandsgruppen war immens.

Lösung
S1 – B3 – B7
S2 – B8 – B2
S3 – B5 – B4
S4 – B1 – B6

Rundblick Erörterung Best.-Nr. 3-507-41762-6

Rundblick Erörterung Best.-Nr. 3-507-41762-6

Spielanleitung Argumentationsspiel

Legt die vier verschiedenfarbigen Fußspuren in der Abfolge *Behauptung – Begründung – Beispiel – Bezug zur Behauptung* als Kreisform auf den Fußboden. Jeder von euch sucht auf einer Fußspur seinen Standort. Nun stellt der Schüler auf dem ersten „B" eine Behauptung auf, der Zweite im Kreis muss diese Behauptung begründen, der Dritte dafür ein passendes Beispiel geben und der Vierte den Bezug zur Behauptung herstellen. Wenn ihr nur drei Gruppenmitglieder seid, müssen die ersten drei Füße auf jeden Fall besetzt sein, der Rückbezug zur Behauptung muss vom „Beispielgeber" geleistet werden. Seid ihr mit eurem Argumentationsgang zufrieden, dürft ihr euch mit einem Gummibärchen belohnen und den nächsten „Bannkreis" beginnen. Dazu wechselt ihr eure Position im Uhrzeigersinn. Nun ist der nachfolgende Schüler an der Reihe, eine Behauptung aufzustellen und das Spiel beginnt von vorn. Bitte stellt Behauptungen auf, die zu unseren Themenkreisen passen und nutzt die Formulierungshilfen auf diesem Blatt! Holt euch euren Lehrer als Schiedsrichter, wenn ihr euch nicht sicher seid!

B2

Ein Grund dafür liegt in der Tatsache ...
... findet seine Begründung in ...
... könnte sich zurückführen lassen auf ...
... basiert auf ...
... resultiert aus ...
Denn unzweifelhaft ist ...

B1...

Man kann davon ausgehen ...
Außerdem ist festzustellen ...
Weiterhin ist zu beachten ...
Bedenkenswert ist auch ...
Allerdings sollte man auch sehen ...
Auch wenn man bedenken muss ... ist doch

B3

... sieht man am Beispiel ...
lässt sich darlegen am Beispiel ...
Zur Veranschaulichung dient ...
Das wird deutlich an ...
Ein Indikator dafür ist ...
Hierfür spricht z. B. ...

B4

So ist nachzuvollziehen ...
Deshalb kann man sich der Auffassung anschließen ...
Aus diesem Grund kann man sich der Behauptung nicht entziehen, dass ...
Deswegen muss man davon ausgehen ...

Überleitung und Schluss: Wie leitet man den Leser über den Gedankenfluss?

Das, worauf man während der ganzen Erzählung wartet, kommt unerbittlich und ohne jegliche Vorwarnung oder Überleitung. Die Kurzgeschichte endet abrupt. Sie braucht auch keine weitere Erklärung; das, was (historisch) (ge)folgt (ist), kennt der Leser, und dieses grausame Geschehen lässt einen verstummen.
In der Erörterung sind nun Worte der Überleitung zum nächsten Gedanken sehr wichtig, und unvermittelt sollte man niemanden mit einem Sachverhalt konfrontieren. Um Aussagen schlüssig miteinander verknüpfen zu können, gibt es sprachliche Hilfsmittel. So führt man seinen Leser kontinuierlich durch den Argumentationszusammenhang und schlägt sprachliche Brücken bis hin zum Schluss. Der allerdings sollte kurz gehalten werden[1]. Aus diesem Grund ist ihm auch keine eigene Station gewidmet, sondern er ist Teil dieser.

1. Arbeite für dich allein das Informationsblatt „Sprachbrücken innerhalb eines Argumentationskreises" durch und verinnerliche dir die Sachverhalte. Notiere dir anschließend drei Fragen zu den grammatikalischen Verknüpfungsmöglichkeiten und eine zu den „Hinweisen zum Schluss". Die Fragen dienen einer Lernzielkontrolle.

2. Prüft euer Wissen, indem ihr euch gegenseitig reihum diese Fragen stellt. Meldet den Gruppensieger eurem Lehrer!

3. In den Anlagen findet ihr nun ein Puzzle mit weiteren Formulierungsvorschlägen zu Überleitungen in einer Erörterung. Wenn jeder von euch das Puzzle – es stellt ein Bauwerk dar – gelegt hat, darf er sich eine Kopie der Lösung vom Lehrer holen und seinen Unterlagen beiheften.

4. Betrachtet jetzt das Beispiel eines Schlusses zu einem unserer beiden Themenkreise.

> Die Erinnerung an die Geschehnisse im Dritten Reich muss wachgehalten werden und sollte allen Nationen als Warnung dienen, ohne in der historischen Sackgasse einer Erörterung der Schuldfrage steckenzubleiben. In Zeiten der Globalisierung macht sich mancherorts der Wunsch nach verstärktem Zusammenhalt breit, und der blinden Identifikation durch die Zugehörigkeit zu einer Volksgruppe oder Religion ist wie in Zeiten des Nationalsozialismus Tür und Tor geöffnet. Wenn es nicht gelingt, rechtzeitig Brücken zwischen Arm und Reich, zwischen Religionen und Hautfarben zu schlagen, könnte der ganzen Menschheit ein Holocaust drohen. Nicht um die Frage einer Kollektivschuld in der Vergangenheit, sondern um die Frage einer Kollektivverantwortung für die Zukunft sollte unser Denken kreisen.

5. Verfasse zu einem unserer vier Themen einen Schluss und lege ihn deinem Lehrer zur Korrektur vor. Hier ein Vorschlag für den Themenkreis „Erörterung", den du natürlich noch ausbauen musst.

> Gotthold Ephraim Lessing, ein berühmter Dichter und Theologe, hat einmal gesagt:
> *„Nicht die Wahrheit, in deren Besitz irgendein Mensch ist oder zu sein vermeinet, sondern die aufrichtige Mühe, die er angewandt hat, hinter die Wahrheit zu kommen, macht den Wert des Menschen. ... Der Besitz macht ruhig, träge und stolz."*

1 Bedenke: Einleitung und Schluss umfassen zusammen nicht mehr als ein Achtel der ganzen Erörterung!

Rundblick Erörterung Best.-Nr. 3-507-41762-6

Sprachbrücken innerhalb eines Argumentationsganges

Bei der Verknüpfung gedanklicher Zusammenhänge innerhalb eines Argumentationskreises ist es von Vorteil, über ein bestimmtes grammatikalisches Repertoire an Konjunktionen und Satzadverbien zu verfügen. Die folgende Tabelle gibt dir sowohl darüber Aufschluss, wie auch über die verschiedenen Möglichkeiten, die sich für den Abschluss einer Erörterung heranziehen lassen.

Hinweise für den Schluss	Konjunktionen		Satzadverbien	grammatikalische Leistung
	nebenordnend HS+HS	unterordnend HS+NS		
Wenn man den Schluss einer Erörterung schreibt, darf man nicht zu viele Worte verlieren,		wenn, falls, sofern		**konditional (Bedingung)**
weil man damit die bisherige Argumentation verwässern könnte und Gefahr läuft, ein neues Thema zu erörtern.	denn	weil, da	daher, darum deshalb, deswegen, nämlich	**kausal (Grund)**
So eignet sich eine abrundende Zusammenfassung		sodass	so, also, somit, infolgedessen, demnach, folglich	**konsekutiv (Folge)**
oder eine Erfahrung aus dem eigenen Lebensbereich als Schlusspunkt der Erörterung. ***Darüber hinaus*** gibt es auch die Möglichkeit, unter Berufung auf eine Autorität zu enden,	und, sowohl als auch, auch, oder	dass, ob	außerdem, zudem, zusätzlich, darüber hinaus, weiterhin, im Übrigen	**kopulativ (Reihung)**
indem man ein Zitat zur Bekräftigung der eigenen Meinung anfügt.		indem, wie, insoweit, als ob, insofern		**modal (Art und Weise)**
Hat man ***dagegen*** in der Einleitung eine kurze Begebenheit geschildert, kann man sie an dieser Stelle zu Ende führen und folglich den Hauptteil rahmen.	aber, sondern, doch jedoch	wohingegen, während	vielmehr, hingegen, indessen, dagegen	**adversativ (Gegensatz)**
Damit der Leser nachdenklich gestimmt wird, kann man einen Ausblick in die Zukunft geben; hierfür stellt man eine pessimistische oder optimistische Prognose auf.		dass, damit	hierfür, dazu, darum	**final (Zweck)**
Auch wenn einem die Möglichkeit offensteht, eine gegensätzliche Meinung als Schluss aufzugreifen, muss dieses *jedoch* unter aller Vorsicht geschehen.		wenn auch, obgleich, obwohl	trotzdem, dennoch, doch, gleichwohl	**konzessiv (Einräumung)**
Solange man seiner vorangegangenen Argumentation nicht selbst widerspricht, ist alles im Lot.		solange, bis, seit, während		**temporal (Zeit)**

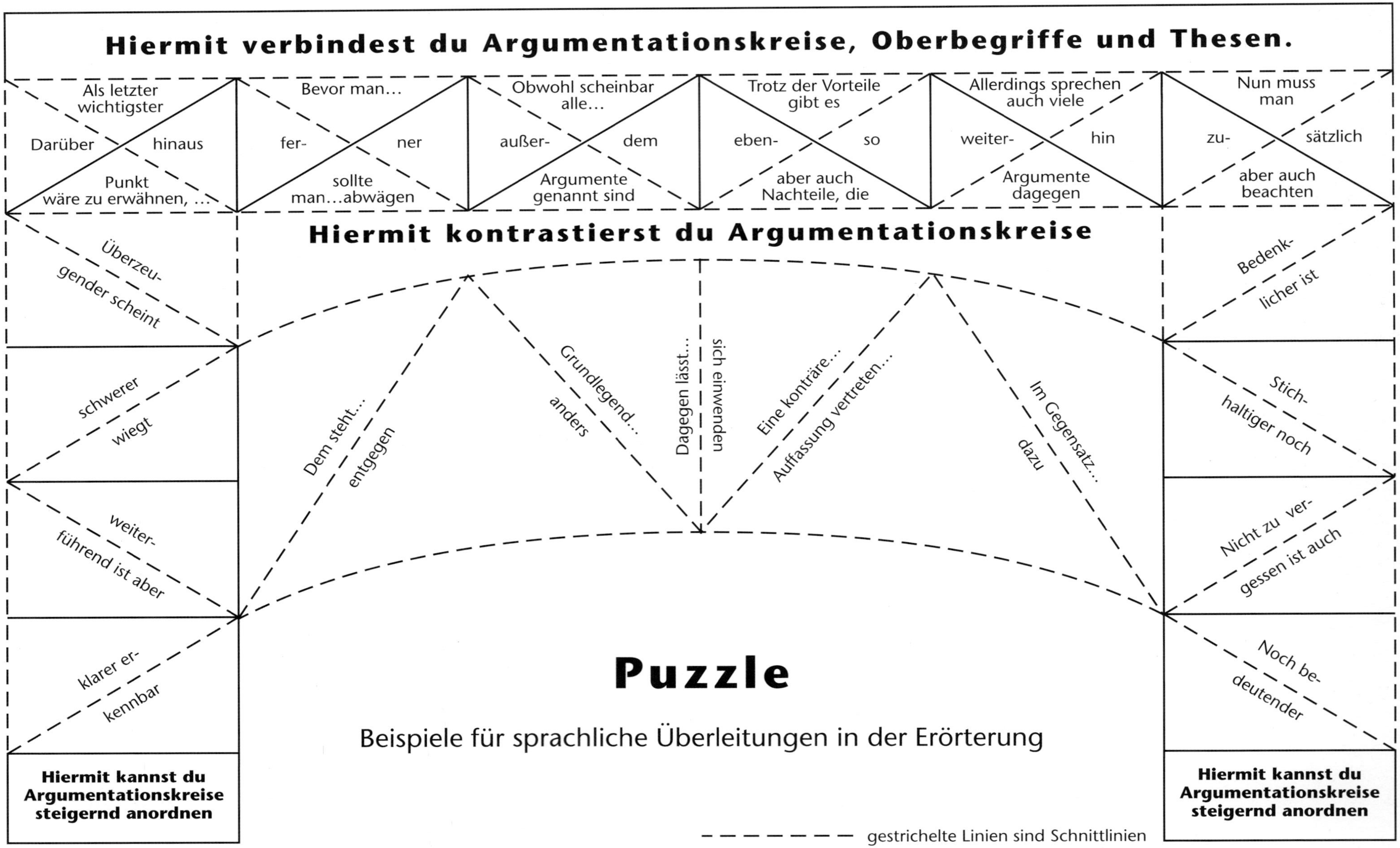
Hiermit verbindest du Argumentationskreise, Oberbegriffe und Thesen.
Als letzter wichtigster
Darüber
hinaus
Punkt wäre zu erwähnen, …
Bevor man…
fer-
ner
sollte man…abwägen
Obwohl scheinbar alle…
außer-
dem
Argumente genannt sind
Trotz der Vorteile gibt es
eben-
so
aber auch Nachteile, die
Allerdings sprechen auch viele
weiter-
hin
Argumente dagegen
Nun muss man
zu-
sätzlich
aber auch beachten
Hiermit kontrastierst du Argumentationskreise
Überzeu-
gender scheint
schwerer
wiegt
weiter-
führend ist aber
klarer er-
kennbar
Hiermit kannst du Argumentationskreise steigernd anordnen
Dem steht…
entgegen
Grundlegend…
anders
Dagegen lässt…
sich einwenden
Eine konträre…
Auffassung vertreten…
Im Gegensatz…
dazu
Bedenk-
licher ist
Stich-
haltiger noch
Nicht zu ver-
gessen ist auch
Noch be-
deutender
Hiermit kannst du Argumentationskreise steigernd anordnen
Puzzle
Beispiele für sprachliche Überleitungen in der Erörterung
gestrichelte Linien sind Schnittlinien